优秀教师方略丛书

优秀教师的演讲口才

Youxiu jiaoshi
Fanglüe congshu

刘启成 本书编写组◎编著

Youxiu
Jiaoshi de
Yanjiang koucai

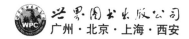世界图书出版公司
广州·北京·上海·西安

图书在版编目（CIP）数据

优秀教师的演讲口才／《优秀教师的演讲口才》编
写组编 . —广州：世界图书出版广东有限公司，2011.3（2024.2 重印）
ISBN 978 - 7 - 5100 - 3361 - 2

Ⅰ．①优… Ⅱ．①优… Ⅲ．①中学教师 - 语言艺术
Ⅳ．①G635.1

中国版本图书馆 CIP 数据核字（2011）第 036066 号

书　　　名	优秀教师的演讲口才	
	YOU XIU JIAO SHI DE YAN JIANG KOU CAI	
编　　　者	《优秀教师的演讲口才》编写组	
责任编辑	李欣鞠　　张梦婕	
装帧设计	三棵树设计工作组	
出版发行	世界图书出版有限公司　世界图书出版广东有限公司	
地　　　址	广州市海珠区新港西路大江冲 25 号	
邮　　　编	510300	
电　　　话	020-84452179	
网　　　址	http://www.gdst.com.cn	
邮　　　箱	wpc_gdst@163.com	
经　　　销	新华书店	
印　　　刷	唐山富达印务有限公司	
开　　　本	787mm×1092mm　　1/16	
印　　　张	12	
字　　　数	160 千字	
版　　　次	2011 年 3 月第 1 版　2024 年 2 月第 3 次印刷	
国际书号	ISBN　978-7-5100-3361-2	
定　　　价	59.80 元	

序　言

优秀教师何以成为优秀教师，优秀教师的成长有无规律可循？这是一个值得思考和关注的问题。

"优秀教师"这个概念，它和我们平时常常提及的"骨干教师"、"名师"或是"特级教师"并不尽相同。后三个概念更多的是以某种标准加以衡量而赋予教师的某种荣誉，表征的是教师某个发展阶段的状态。"优秀教师"倾向于从动态变化的教师成长过程中来解读，它意味着一个漫长而艰辛的成长过程，一个离不开成长期的默默付出，历经高原期的苦闷徘徊，从而达致成熟期的随心所欲的成长过程。

我们应该把优秀教师看作是一个发展性的概念。作为一个教师，要在事业上获得成功，首先要有强烈的事业心和责任感，要有崇高的奉献精神，要有坚定不移的意志品质，要有持续发展的信念，要有永不满足、不断学习、不断进取的精神。从发展的角度看，所有的教师都可以成为优秀教师。

当然，成为一个优秀教师不仅要有自己的主观条件，还要有客观条件的保证，从立志做优秀教师到成为优秀教师不是必然规律。优秀教师能及时抓住时代发展的机遇，并使机遇成为成长的契机。机遇对成功很重要，但教师的成功不是靠被动地等待，而是认真踏实地工作，通过"量"的积累，在及时把握机遇中达到"质"的飞跃，获得成功。

为使主客观条件达到最佳的组合，从而获得成功，今天的优秀教师，应该改变传统的"春蚕到死丝方尽，蜡炬成灰泪始干"的被动的、悲凉的形象，树立一种新的优秀教师成长观，即关注自身精神生命的成长，使得优秀教师的成长不再仅仅是为了一纸文凭或是生存技能的提高，而是为了自我的充实与完善，为了个体的幸福与愉悦，为了更有意义的生活。为这样的目的而努力的人，即称优秀。惟有如此，优秀教师才有可能真正地唤醒自己，同时也唤醒他所接触的人，才有可能创造自己更为美好、更有意义的生活，同时也创造他人更为幸福的生活。

我们应该相信，优秀教师的成长主要不是依靠天赋，而是后天的因素；后天因素对教师成长的影响程度依次为个人的努力、教学互动、专家引领、师傅指导、同伴互助和领导支持。

在成长过程中，尽管每个优秀教师的成长经历都不相同，具有浓厚的个性色彩。但是透过表层的个性因素，仍然可以从中概括出某些共同的要素，说明优秀教师的成长还是有规律可循的，能够提出优秀教师培养的方式方法的。

根据对优秀教师成长规律的总结，我们编写了这套"优秀教师方略"丛书，其特点是强调教师学习与培训的针对性、适用性和可接受性，期望能在教师艰辛的成长过程中助一臂之力，让他们少走一些弯路，减少个人摸索的无效劳动；让更多的教师通过不断的学习、反思、超越，成为"优秀教师"。

目　录

引言　/1

第一章　教师与口才　/3

　　第一节　教师一定要有口才　/4

　　第二节　教师口才的特性和要求　/11

　　第三节　口才的修养内容和途径　/21

　　第四节　教师口才训练方法　/26

第二章　教师与演讲　/36

　　第一节　教师要有演讲口才　/37

　　第二节　演讲的目的和作用　/42

　　第三节　演讲的分类　/53

第三章　演讲稿的写作　/60

　　第一节　演讲稿的作用　/61

　　第二节　演讲稿的选材与语言　/66

　　第三节　演讲稿的结构与提纲　/71

　　第四节　优秀演讲稿的标准　/80

第四章　演讲准备与临场表现　/85

　　第一节　"功夫在诗外"　/86

　　第二节　演讲前准备　/90

第三节　克服演讲紧张　/94

第四节　演讲的临场表现　/101

第五章　演讲的技巧　/109

第一节　演讲的开场白艺术　/110

第二节　演讲正文处理技巧　/117

第三节　演讲的渲染技巧　/120

第四节　演讲的结束语技巧　/123

第五节　即兴演讲技巧　/127

第六章　优秀教师的演讲细节　/137

第一节　演讲语言的四条重要法则　/138

第二节　无声胜有声　/144

第三节　演讲控场技巧　/149

第四节　让你的演讲别出新意　/154

第五节　演讲的注意事项与禁忌　/157

附录 优秀教师演讲稿　/162

拨动学生的心弦　/162

唱出我心中最美的颂歌　/165

肩负起山村的希望　/168

讲台,我永远的依托　/171

教师,不要让你的事业清贫　/174

教育,从热爱开始　/177

因为我是老师　/179

引　言

　　教师"传道授业解惑"靠的是表达，而表达的主要技巧在于语言，即演讲与口才。因此，演讲口才之于教师，如枪之于军人，农具之于农民，悦耳的嗓音之于歌唱家，至关重要。教师的演讲口才是实施教学工作最基本、最直接的手段，是开启学生心灵的钥匙。

　　教师应该训练自己的演讲能力，不仅因为教师有较多的机会进行公开演讲以及参加演讲比赛，更重要的是教师的工作常常与演讲有关。演讲是一门艺术、一项技巧，它更是一种教育、一种熏陶。教师在特定的时境，针对特别的话题，面对学生，抒发感情，阐述要旨，通过有声语言、身体语言、主体形象宣传和发表自己的主张，感召听众产生共鸣，从而达到影响、说服、感染学生的目的。

　　教师应该训练自己的口才，不论是在课堂上还是生活中。教师口才决定着课堂语言的规范性、生动性、启发性，可以培养学生的学习能力和活力，培养学生的进取精神，活跃课堂气氛。教师平易亲切的口才艺术折射着教师心灵的明净坦诚。教师口才的感情、思想，源自教师科学的世界观、人生观，源自教师对教育事业的无限热爱，源自教师对学生赤诚的爱。教师要努力使自己的思想与情感融入自己的口才里面去，使"情郁于中，言溢于表"，从而打动学生，使学生产生强烈的共鸣，受到强烈的感染。

本书从演讲与口才的共性出发，介绍演讲的基本方法与技巧，并进一步探讨教师演讲与口才的特点，期望能为教师朋友提供一些帮助。

第一章
教师与口才

　　口才指人说话的才能，侧重于日常生活中人们的口语表达能力。有学者将口才更加明确地进定义为：在口语交际的过程中，表达主体运用准确、得体、生动、巧妙、有效的口语表达策略，达到特定的交际目的，取得圆满交际效果的口语表达的艺术和技巧。

　　教师的语言魅力像一首首名曲，吸引着学生。教师的职业决定了教师有特定的对象和独特的语言艺术。不论课内课外，教师的口才都极为重要。

第一节　教师一定要有口才

什么是口才？《现代汉语词典》上的解释为：名词，说话的才能。

中国著名演讲家邵守义有一句名言：“是人才未必有口才，有口才必定是人才。”有口才的人说话具有“言之有物、言之有序、言之有理、言之有情”等特征。

毛泽东的老师徐特立说：“当一个好教师，三分靠内才，七分靠口才。”这说明，当一个教师，口才是必需的。

好教师要有好口才，好口才教出好学生！

老师是人类灵魂的工程师，老师通过讲述将知识传给一代代学生，口才好的老师更易与学生沟通，更能够将知识讲解清楚，学生也更容易接受。另外，口才好的老师不仅在说话上有技巧，而且都更容易亲近学生，被学生接纳。

一、教师口才的含义

教师口才有其特殊的表达原理和规则，这些表达原理和规则，既是一般教育学、心理学原理运用在教育教学工作实践中的具体体现，也是一般口才学或交际演讲学原理运用在教师的教书育人活动中的体现。

教师口才指的是在各级各类学校直接从事教育教学工作的人的工作口语。

从事学校教育教学工作的教师，通常有两种口语状态：一是工作口语状态，即教师作为一位教育工作者履行其职责时说话的情景或样子；一是生活口语状态，即教师作为一个普通人的生活口语状态。这里的教师口才，仅指教师的工作口语状态。

过去有一门专门研究教师工作口语状态的学问，叫教学演讲学。教学演讲学是演讲学的一个分支，是以教学演讲语言为对象，研究教学演讲的性质、职能、标准、规律、方式等问题的一门科学。现在也有专门研究讲授学的，它显然是从教育学、教学论和口才学的角度，专门研究和探讨讲授的方法、艺术、要求及其规律的。

教学演讲学和讲授学都应视为研究教师口才的学问。它们跟我们这里所提的教师口才，只有名称和研究范围、角度、重心的区别，没有性质差别；应该说，教师口才的提法，比它们的涵盖面更广（它几乎涉及到教师工作用语的方方面面），语意更明确（同样作为研究教师口才的学问来讲）。当然，事物总是相通的，教师的演讲口才达到了一定程度，其他口才肯定也差不到哪里去。

教师的工作口语，根据其服务的对象与内容，主要分为教学口语、教育口语和交际口语三种。相应的，作为一名优秀的教师，也要具有相当的教学口语、教育口语和交际口语。

二、教师要有教学口才

教学口语，简而言之，就是教师在教学过程中所使用的工作口语。它是教师口才在"教书"（教学）过程中的具体运用，也是一般口才在教师口才方面的主要延伸形式和表现形式之一。

教学口语最主要的特点，就是规范、科学、严密、准确、生动而又富有启发性。它要求运用学科术语，科学、严密、准确、生动而又富有条理地向学生传授知识，启发学生思维，引导学生思考，培养学生的能力。

教学口语也可以分为很多种类。例如，根据教学口语常用的基本表达方式，可以分为传输式教学口语（讲授语）和交谈式教学口语（问答语）；根据主要教学步骤和环节，可以分为导入教学口语（导入语）、过渡教学口语（过渡语）和结束教学口语（结束语或断课语）；根据不同教学内容

的需要，可以分为文科教学口语和理科教学口语；根据因材施教的需要，可以分为面对不同对象的教学口语；根据不同教学目标的需要，可以分为传授知识的教学口语和启发智慧的教学口语等等。但无论是哪种教学口语，它们共同的表达要求是科学性、严密性、准确性等。

苏霍姆林斯基说："教师的语言修养在极大的程度上，决定着学生在课堂上脑力劳动的效率。"

我们都有过这样的感受：听一堂名师好课，就像观赏一幅名画，心动神移，流连忘返；就像欣赏一首名曲，余音在耳，袅袅不绝。再观察听课的学生，个个凝神，犹如被磁石吸引般的听着，想着……这就是教学口才的魅力。教师的语言表达，是教学中最重要的组成部分，它直接影响着教学的效果。所以，正确的教学口才是教师从事课堂教学的起码条件，也是取得成功的重要因素。

首先，课堂教学时一定要讲普通话，语音要清晰。说普通话是一名教师是否合格的前提，而且教学的语言要规范，清晰，表达流利，这样才能引起学生的注意，才能提高课堂的教学质量。

第二，教学语言要简练，准确，条理清晰。教师的教学语言要清楚明白，不拖泥带水，不含糊其辞，学生听起来有"针对性"，去掉一些可有可无或是琐碎的假的空话，让课堂更充实，更有实效性。

第三，教学语言的声调要抑扬顿挫，快慢结合，具有音乐节奏感。教学口才的抑扬顿挫，能使学生感到悦耳。讲课时要恰当地运用语速的快慢，讲课时语言要有音乐节奏感，优美生动。

另外，在课堂中，评价是不可或缺的一环，合理地进行评价可以有效激发学生学习的积极性、主动性，发挥学生的主题性并有效促进教学。教师应在课堂中，艺术性地多给予学生一些肯定和鼓励，有效促进教学相长，提高学生对学习的积极性。但是以往的评价语言过于简单，用词都是围绕"好"、"棒"、"行"、"你真棒！"等词，总之是换汤不换药。其实，每个学生都有自己的优点、个性、特长，每个学生都渴望得到老师的表扬，所以教师应针对每个学生不同的特点，对其进行表扬、鼓励。例如："你的见解独特，老师佩服你！""努力吧，同学们，你们中也能诞生学者，将军，艺术家，科学家……"

教师教学口语与其他行业口语的区别不仅仅在于其科学性、规范性和教育性，更在于其艺术性。在教学中，教师口语既有日常语的通俗平易、自然活泼的优点，又有讲究得体，集中及匀称性、洗练性的特点。它吸收书面语的严谨、精确、典雅而又形象生动、创新活用等精华。这就要求广大教师不能仅仅满足于把话说清楚、讲规范，还必须善于巧妙地运用语言，在保证口语表达的科学性和教育性的基础上，使语言更富有审美性，让每一堂课都成为学生的艺术享受，用艺术的语言进行教学。

提高教学口语的艺术性，还必须着眼于教师学识修养、整体素质、自身文化底蕴的提高。教师在加强口语训练的同时，还得多读一些相关书籍，这样就会取得更好的效果，从而减少口才表达的失误。

三、教师要有教育口才

教育口语，顾名思义，即教师对学生进行思想品德教育和学习态度教育的工作口语。它包括班主任工作口语和教学过程中教师对学生进行学习理想、学习态度教育的工作口语。它是教师口才在"育人"（教育）过程中的具体体现，也是通用口才在教师口才方面另一重要的延伸形式和表现形态。

与教学口语不同，教育口语最主要的特点，就是说服、鼓动、激励而富有感召力。它要求运用富有说服力和感召力的道理或事实，去激励学生树立理想，积极向上，顽强拼搏，健康成长。教育口语根据不同标准，也可以分为很多种类。

例如，根据不同工作语境，可以分为个别教育口语和集体教育口语；根据不同教育任务，可以分为面对不同个性、不同水平和不同态度的学生的教育口语；根据不同教育目标，可以分为说服语、启迪语、劝导语、激励语；根据不同教育方法，可以分为暗示语、表扬语、批评语、沟通语等。但无论是何种教育口语，它们共同的表达要求是具有思想性、教育性、说服性、鼓动性等。

此外，教师工作口语还包括其他一些口语形式，如家访工作口语、学术交流口语等等。家访工作，是教师密切家庭教育主体——学生家长与学校教育主体——教师本人关系的常见工作形式之一。家访工作口语（有的教材将其列入教育口语范畴），也需要讲究说话的艺术，才能有效地达到教师与家长沟通的目的。

学术交流，是常见的教师业务进修、工作总结和学术思想沟通的活动。学术交流口语同样有其特定的言语运用准则和策略，也是教师口才的有机组成部分。

学生出现不守纪律，不爱学习，缺乏卫生习惯等行为，都是正常的。可是，有的教师对学生的不文明行为，对达不到自己希望的学生，总会要进行一番讽刺挖苦，或者是一通不负责任的牢骚。像是"你连幼儿园的小朋友都不如！""这么简单的题目都不会，笨得像猪！"无论学生怎样，教师都不应该侮辱学生的人格！

对学生的教育中，都必须使用文明的语言。多看到学生的优点，多肯定和表扬学生的进步，多激励学生的探索，包含问候、祝福，理解学生的语言要多说。这样的语言，就如春风吹拂，或吹醒学生的心，使其在经常的失败和自我感觉"不行"后，找回自尊和自信。

教师与学生谈话要注意谈话的技巧，要讲究谈话的艺术性，使之成为学生前进道路上欢快的乐声、误入禁区的哨声、驱除苦闷的良药。

第一，与学生谈话首先要注意态度和蔼，语气亲切。这样，学生易于接受，敢讲真话，会向你敞开心扉。

第二，教师与学生谈话宜"讨论式"进行。在学习和集体生活中，学生常常会碰到一些难题，当学生同你讨论某些问题时，你们的意见可能会有分歧。遇到这种情况，教师宜和学生进行讨论，层层剖析，引导孩子正确理解，帮助学生逐步提高分析、判断、辨别的能力，切忌生硬训诫，让学生充耳不闻，口服心不服，感到迷茫。

第三，教师在与学生交谈时可变换角色，做他们的知心朋友。当教师想进一步了解学生的学习、家庭情况时，不妨试着变换一下角色，做一个大孩子，从学生的某一爱好或喜欢的亲朋好友谈起，或利用课外活动时间和他们共同打乒乓球、踢毽子、做游戏，在大家心情愉悦、感情融洽的氛围中引入话题。当学生觉得你是那么随和可亲，跟自己很合得来时，就会滔滔不绝地向你诉说，让你了解他们的一切。此时，你跟学生的感情也就更加亲近了。

第四，谈话多以夸奖鼓励为主。作为教师，往往对学生寄予厚望，希望愈深，对学生的短处就"恨"之愈切。这样难免就会高谈阔论，用大话说教，处处加以批评指责。可是，学生并没有听进去，反而带着很大的抵触情绪，或者当作耳边风，更严重的还可能产生报复情绪。其实，每一位学生都有自己的长处，做教师的要善于发现并及时鼓励。夸奖和鼓励是对学生的信赖，它能帮助学生克服缺点，注入信心和力量，帮助学生扬长避短，不断地进步和完善。

第五，和学生谈话应多一点幽默感。一个班集体中的学生性格各异，有的学生性格内向、不善交谈，遇到困难和挫折就大哭鼻子，或者乱发脾气，这时，教师千万不要厌烦，不要大声责骂学生，甚至发火，倾盆大雨般地批评学生，使学生如履薄冰，更加自卑。此时，教师应根据学生的神态和动作，设计几个玩笑，引他破涕为笑，缓和一下气氛，再因势利导地交谈，这样，教育效果可能更好。

第六，与学生谈话可带一点自我批评，辅以适当的爱抚动作。当教师跟学生在某件事上关系比较紧张时，做教师的不能一味以师长的面孔自居，而应该把自己放在和学生平等的地位，说说自己应该负哪些责任，哪些地方没有帮助关心到学生。哪些地方对学生的态度不够正确等，这样，学生会自觉查找自己的责任，会学着理解和体谅老师。

第七，对学生在交谈中说出的内心秘密，老师绝对要保密。有的学生做错了事，老师给气昏了头。这时，老师务必要先弄清事情的原委，千万不要高声叫喊："请家长来，告诉你家长！"相反，教师既要帮助孩子认识错误，辩明是非，又要为学生保密，不让学生面子扫地，背上思想包袱。

第八，教师与学生谈话时，应引导学生感受美的生活，用积极乐观的态度对待生活。目前小学生校园生活中也会有各种社会现象的折射，他们常常会碰到一些烦心的事情。当学生愿意跟你探讨这些问题时，教师千万

不要教他们避开烦恼，消极处世，而要引导学生正视现实，分析事物，积极地处理矛盾，并帮助学生激起他们热爱生活的情感，去创造更美好的明天。

四、教师要有交际口才

教师作为教育环境中的工作者，不仅要注重师生之间的关系，还要调节好与家长的关系。在教育学生的问题上，一般教师与家长的愿望是相同的，但由于教师与家长在教育素质、教育方式、观察问题的角度和了解学生程度上的不同，容易出现交流障碍。

回顾一下教师在与家长沟通的情境，老师向家长介绍学生在学校的表现情况和成绩，总是表扬好的，批评差的。这些固然是必要的，但是在不知不觉中，成了成绩报告会、告状会。所以，教师应该尝试着无论是同优等生还是后进生的家长说话，都从正面称赞入手，即使是说缺点，也要让家长感觉你不是在批评孩子，而是在为孩子担忧。

高尔基曾经说过一个谜语："不是蜜，却可以粘住一切。"这个谜语的谜底就是语言。教师传道、授业、解惑，都必须借助语言。可以这么说，为了学生更好的发展，广大教师必须开展一场"语言革命"，认真揣摩自己的语言，在实践中坚持不懈地训练自己的语言魅力，提高自己的口才艺术。

第二节 教师口才的特性和要求

一、教师口才的特点

教书育人的工作，是一项综合性很强的工作，因此，教师口才也具有多样性特点。

（一）语境特点

从教师口才生成的语境看，教师口才具有如下特点：

1. 时间的特定性和空间的固定性

就教学口语而言，每节课 30 分钟、40 分钟或 45 分钟。其他类型的口语，时间或长或短，没有这种限制。就教育口语而言，教师对学生进行思想品德教育，也是穿插在课堂上、课间或放学后的时间里进行的。时间上的特定性，要求教师口语必须是限时的、有计划的和有准备的。

学校的教育教学工作，主要是在"班级教室"这个特定的空间里进行的。其他类型的口语，则没有这种严格的空间限制。空间上的特定性，要求教师口语必须具有合适的响度，必须使用规范的课堂用语和校园用语。

2. 对象的集体性和稳定性

教师口才的受体，主要是集体的而非个别的。对象的群体性，要求教师口才具有较好的灵活性、多样性和普适性。

教师口才的受众，也是相对稳定的。短则一个学期，长则若干年，同一个教师担任同一个班的教学工作和班主任工作。这就使得教师口语许多时候具有"开门见山"的直接性，师生之间也建立了一些不为外人所知的

"语言机密"。

3. 交际场合的正式性和交际内容的正规性

学校是教书育人的特定场所。教师的一颦一笑，都要为人师表。这就决定了教师口才的运用带有正式性。它的许多方式和措辞，都是经过长期实践和反复、仔细的推敲以后选定的。它的口语化远离原始状态，更多地带有规范、严谨、典雅的书面语色彩。

这种规范、严谨、典雅的色彩，还表现在教师口才内容上。教师不能"信口开河"乱讲话。无论传播知识还是解释原理，批评说理还是鼓舞动员，都要符合科学、正确和有益的标准。

（二）语体特点

从教师口才的语体形式看，教师口才具有如下特点：

1. 口头语和书面语的结合

教师工作口语是有提纲、有准备的语言，有些内容和措辞甚至是经过反复斟酌、推敲的，因而它往往具有书面语的完整、严密、准确、规范的色彩。在教学口语中，这类语言通常用来讲授知识、阐释原理、下定义和作结论。在教育口语中，往往是用来进行集体谈话，如作报告、动员、总结等。

但教师讲话不可能是完全有准备的。就教学而言，教师不可能把每一句话都写在纸上；就教育口语而言，教师处理偶发事件或与学生个别交谈，也多是即兴发言。这就决定了教师口才也具有很大的即兴性，具有口语那种亲切、灵活、自然的特点。尤其是大力推崇"教学民主"、"教学对话"的今天，教师口才的即兴性成分会显著增加。这类口语通常用来描绘事物、组织教学、启发学生或处理突发性事件、应变性事务。可以说，教师口语是一种"有提纲的即兴发言"。

2. 独白语和会话语的结合

无论是传统教学，还是现代教学，无论是面向班集体讲话，还是系统传授知识，教师主要运用的是独白语。这种语言一般具有严密的逻辑性和较好的连贯性，句子完整，修辞得当，没有语病，也没有太长的停顿。但是，教师无论是组织教学还是进行问答、讨论或个别交谈，又都要运用有来有往的会话语，以便进行双边或多边交流。这种语言在词法、句法上，表现为零碎句、问句、省略句、重复、插入、停顿较多，语速也比较缓慢。

口语从活动方式上大致可以分为单向传输的演讲式与双向互动的交谈式两种。教师工作口语，则介乎演讲式与交谈式之间，可称为"演讲—交谈式口语"。

3. 口语、态势语和以板书为主的多种直观教学手段的结合

教师工作口语，为了满足一种复杂的教书育人工作的需要，可以说，它比任何一种口语都更加需要声音、语调、表情、动作，包括各种示范、演示活动的配合，正是各种丰富的言语形式的介入，才使教师的讲授生动活泼、深入浅出。而直观教学手段在教学口语中的大量运用，则跟教师语言大多是属于一种传授式、讲解式语言密切相关。

（三）语风特点

从教师口才的言语风格角度来看，教师口才具有如下特点：

1. 规范性特点

教师工作口语，要求使用规范的现代汉语——普通话，对学生传授知识、培养能力、开发智力、进行思想教育。教师向学生传授知识，必须符合学术规范，向学生进行人生观、世界观教育，必须符合民族的、大众的、健康的、科学的标准。教师必须规范地使用各种口语词汇和表达方式进行教书育人。

2. 双向反馈性特点

教学具有双向性，现代教育尤其强调这一点。因而教学语言活动，是一种双向交流性的言语活动。哪怕教师采用的是一种单向输出式的讲授语，也是建立在"吃透学生"的基础上，以学生能够理解、接受为前提的。教师对学生的品德教育，也要遵循"因材施教"、"有的放矢"的双向性教育原则。而这种双向性言语活动，又完全是建立在一种及时的、不断的反馈基础上的。教师总是依据"学情"选择"教法"，然后又根据教书育人的效果，调整、改进工作方法的。

3. 启发性特点

教书育人的工作，是一项长期的艰苦细致的脑力劳动，它需要一位教师付出毕生的热情和全部的才智。而教师的全部智慧和最大本领就在于使学生"愿学、爱学、乐学"。因此，教师工作口语总是带着"循循善诱"、"苦口婆心"的特点。这种启发、说教的特点，也就是古人所讲的"诲人不倦"的精神体现。

二、教师口才的性质

（一）教育性

学校是培养人才的场所，教师的根本职责是教书育人。教师在向学生传播知识的同时，也要将一定的思想、道德、情感融会其中，把思想教育渗透在知识教育之中。

（二）规范性

教师语言的规范性包括两个方面：一是教师必须使用普通话授课；二是体现在语言的遣词造句上，教师的语言应通畅，无句法、用词的错误。

（三）生动性

生动、活泼、形象的语言，会使学生如临其境、如见其人、如闻其声，激发其想象和创造。

教师应善于巧妙地运用语言，使语言富有审美性。这种审美性体现在内容上，即语言要深刻、充实、含蕴；体现在形式上，则要求恰当地运用修辞，使语言锦上添花。

（四）情感性

教师的课堂语言应当充满情感色彩。只有这样，才能拨动学生的心弦，激发他们对知识世界的不断探索。没有情感的语言是苍白无力的。

（五）应变性

应变性是从教学过程瞬息万变的客观事实中表现出来的教学艺术特

征。教学过程是一个充满变化的复杂过程，其中包含多种动态的因素。不论教师备课时多么细致周到，都不可能预测到将发生的一切具体细节。教师必须随教学中变化着的情境，临场发挥，及时、迅速做出反应，不失时机地适应变化的情势，把课程引向深入。

三、教师口才的表达要求

教师口才的多样性特点，决定教师口才的使用要求也具有多样性。

（一）一般口才学要求

所谓"一般"，含有"最基本、最起码"的意思。一般口才学对教师口才的表达要求是：

1. 语音准确，口齿清晰

语音准确、口齿清晰，是确保学生从语音上"听得懂"、"听得清"的首要条件。教师口才是教师用来教书育人最重要的，也是最细腻、最锐利、最有效的工具，它对教师口才在语音上的准确性和清晰性的要求，只会比其他口才更高而不能更低。试想一个德艺双馨的教师，只是"乡音太重"、"口齿不清"，那该是一件多么遗憾或扫兴的事啊！

2. 声音明亮，响度适中

教师口才不仅要在语音上确保学生"听得懂"、"听得清"，而且还要让学生"听得见"。其声音的大小，主要由人数的多少、空间的大小及环境因素来决定，而不能主要由个人的习惯、心情和生理状况来决定。所谓"适中"，是以坐在前面的学生不感到声音太大、坐在后面的学生听得清楚而又"耳感舒适"为宜。实际工作中，学生给教师取声音绰号如"轰天雷"、"吓一跳"、"催眠曲"、"蜜蜂阿姨"等，都是对教师讲话声音的响度控制不当的批评。

（二）教师教坛形象要求

学生常常是由教师在自己心目中的位置（教师的教坛形象）来决定他们对学习的投入的。而教师口才对教师的教坛形象，具有强大的塑造功

能。因而，从教师教坛形象的塑造需要来讲，教师口才必须做到以下两点：

1. 感情充沛，语调丰富，举止得体

青少年正处在情感丰富、想象力发达的时期，无论是聆听教诲还是接受书本知识学习，如果教师能够以饱满的热情和娓娓动听、栩栩如生的讲授对他们讲述真理、传授知识，这样的教师一定会大受他们的欢迎。

再者，各学科知识和生活、读书、做人的道理本身也是富含多种审美、情感、教益因素的，也需要教师以饱满的热情和丰富的语姿传递给学生。情感雨露的滋润加上理性光辉的照耀，才更有利于学生的茁壮成长。

教师的举止、态势，对学生的示范性、暗示性极强，因此也必须优雅得体，给学生以美感。

2. 教态端正，语势平易、亲切、自然

教师在学生心目中的教坛形象，还取决于教师透过口才所表现出的人格魅力。青少年正处在朝气蓬勃、热情向上的时期，特别需要来自于亲情和教育的关怀与呵护，特别不喜欢装腔作势、一脸严肃和漠不关心的教师。

如果教师能够亲切友善地对待学生，"做学生的良师益友"，则学生心目中一定会有教师。再则，真理是朴素的，教师也无须板着面孔训人；教师在学生心目中的威信，主要来自于教师正确的教导和无微不至的关怀。

（三）教师职业口才学要求

从狭义的教师职业口才角度来看，学校教育对教师口才的要求更高、更多、更细，更具有专业化色彩。

1. 人文性要求

人文性（过去通称为教育性或思想性）是教育本质最集中、最深刻的体现。教师口才内容的人文性内涵十分丰富，不同的时代、阶级、政党和团体，也有不同的取舍标准。各种标准之间，也有学术与政治之分。

教师口才正确的人文性要求应该是，教师应该把关心学生全面、健康、和谐地成长（即"全人"教育），培养健全的人和合格的公民放在一切工作的首位，要用现代积极、进步、健康的思想理念武装、教育、鼓舞、启发和感染学生，帮助学生形成正确的态度、情感和价值观，不漠视学生的存在，不对学生的需要无动于衷，不说不利于学生健康成长的话。

例如，讲到学习的重要性，就说"教不教是我的事，学不学是你的事"；讲到事业前途，就鼓励学生将来都去"当官"、"做老板"；讲到资本主义，就是金钱挂帅；讲到人类危机，就主张地球毁灭。这些片面、肤浅、偏激、有害的言论，就不符合教师口才正确的人文性要求。

2. 科学性要求

科学性是教育工作的又一大特点。教师要用积极、健康、正确的东西教育、武装学生，这些内容在符合正确的人文性标准的同时，还要符合科学的标准，也就是说要准确反映人类对客观事物的正确认识成果。

教师口才的科学性要求应该是，教师应该把传授普遍、客观、正确、有用的知识作为最高的学术准则，反对兜售一切陈腐的、错误的、迷信的或伪科学的知识以及那些狭隘的民族、宗教、团体和个人的东西。

有一位女教师在讲到蔡伦发明造纸术时说："这是我们妇女的骄傲。"一学生质疑："蔡伦是男的吧？"这位女教师说："关于蔡伦是男是女，学术界有争论。我赞成蔡伦是女的一说。"这位教师作为一种学术思想的"公共代言人"（这是教师这种社会角色的一个共同文化特征），这番表白是不严谨、非科学的。科学讲求实事求是，既不允许模棱两可、似是而非，也不能以个人好恶作为取舍标准。

3. 启发性要求

启发性是一切教育性语言最为本质的特征。教师的天职就是启迪、指导、帮助学生成长。这就要求教师的语言具有启发性。

启发性语言的一个重要特点，就是善于激情、明理，其间充满比喻、举例、引用、质疑、追问、倾听以及教师的灵活机智。现代教育强烈反对权威性"注入式"，提倡民主性"启发式"，主张"教师是导师"、"教育是促进"、"教学是对话"，这就更加需要教师具有一种优良的启发式言语修养。

4. 严密性、准确性要求

教师向学生传授正确的客观知识和科学的生活道理，用语必须精确。

严密性、准确性要求，在教学口语方面，首先就是要求教师讲话勿使学生产生理解上的歧义。

例如，"不能被 2 整除的数"不能说成"不能被 2 除的数"，"二氧化碳一般不支持燃烧"不能说成"二氧化碳不支持燃烧"。这就要求教师必须用"术语"教学，不能随便口语化。学科术语，是科学认识的结晶，是人们在某一学科领域经过长期探索实践所获得的正确认识的反映，它具有规范性、统一性和相对稳定性。

运用学科术语教学，既便于教师科学、严密、准确地传递知识、阐释原理，也便于学生正确领悟、归纳整理和储存运用知识原理。严密性、准确性要求，在教育口语方面，就是要求教师讲话要庄重严谨，有一说一，实事求是，勿信口开河或夸大其词。

5. 简明性、生动性要求

简明，就是简洁明白。教师传授知识、阐释原理，要求句句说到关键处，用语准确精当，不说废话，不缠夹不清。教师传道、授业、启疑、解惑，贵在能深入浅出，三言两语就将复杂的道理或深奥的原理给学生讲清楚，使学生"豁然开朗"、"茅塞顿开"。

这就要求教师讲话，首先要避免使用文言词或过于生僻的词，二是注意把长句子变成短句子，三是要善于打比方、作比较、举例和联系实际。

生动，即新鲜活泼、形象直观、诙谐幽默。这是最受学生欢迎的语言风格之一。它要求教师讲话要多从人们的生产、生活、工作实际和学生熟悉的、感兴趣的事物出发；在语调和态势的运用方面，要多运用一些摹状手法，以造成一种"绘声绘色"、"栩栩如生"的效果。

6. 机变性要求

当学生注意力涣散时能使之集中，当课堂纪律松弛时能整顿课堂教学秩序，当学生太紧张时能使之放松，当学生神情倦怠时能使之稍稍休息，当学生感到内容肤浅时能及时加深，当学生感到内容乏味时能使之有趣，当学生感到节奏不当时能随时调整节奏……机变性要求，就是要求教师言语要具有反馈性、调节性和控制性。宏观上要运筹帷幄、胸有成竹，微观上要灵活机智、相时而动。

7. 示范性要求

青少年的语言发展正处在打基础的阶段，教师应该在规范、正确、生动地使用祖国的有声语言方面，做学生的楷模。这不仅是语文教师的事，也是全体教师共同的职责。教书育人的根本目的，是培养造就下一代，使人类文明得以高质量地传承，因而教育性是教书育人工作的根本特性。

教师口才的示范性要求，表现在"口德"方面，要求教师不要说给学生留下坏印象、树立坏榜样的话。有人将这一类语言归纳为十种：挖苦式、比较式、挑战式、告状式、预言式、结论式、记账式、挑拨式、驱逐式、罢课式，并称为十发"炮弹"，要求教师切记不要使用。

此外，教师口才从教学论修养角度，还要求教师授课目标明确，条理分明，重点突出。从班主任工作艺术角度，还要求教师语言具有良好的思辨性、说理性和感染力。

四、教师讲课语言的特点

教师课堂上的语言应清晰标准，它与一般人口语表达时的音色有所不同。教师讲课语言的语音和音色特点可以归纳为四点。

(一) 准确清晰

包括两个含义：准确是指吐字合乎规范，字音标准。清晰指语音具有较高分辨率，即使在杂音环境中也能听清楚。当然，这里所讲的清晰是完全表达出语言的意义和感情前提下的清晰，而不是机械地念字。

吐字清晰在运用时往往受到其他表达因素制约，并容易使人产生片面认识，认为吐字清晰会影响表达的流畅自如。然而正是这种制约，才更能显示出一个教师是否具有语言功底。

(二) 圆润动听

指教师要有较好的声音音色和较高的吐字技巧。圆润动听与嗓音条件有直接关系，先天因素在其中起着很大作用，但后天训练也有着不容忽视的影响。实践表明，许多人嗓音条件不够好，并非先天不足，而是使用方

法不当。

经过一段时间的科学训练，这些人的嗓音往往会有很大改善。圆润动听的另外一方面涉及吐字技巧。这一点在以元音为主，字音内部组合极有规律的汉语普通话中尤为重要。完美的吐字会使人感到声音圆润动听，并可弥补嗓音方面的某些不足。我国民间常用"吐字如珠"来形容吐字技巧。由此可见吐字对声音圆润动听有着不可低估的影响。

（三）朴实大方

是指讲课发音接近生活中的讲述，与朗诵或表演有着明显的区别。作为教师，其工作以传授知识为主，教师讲课的语言表达不能过分夸张和过多修饰；不能片面追求艺术效果。在声音的音高和音色上，讲课的用声与口语接近。

（四）富于变化

指教师的发音要避免单调。人们在生活中，为了省力，常采用单一音高、单一音色或单一节奏的发音方式。这种单调发音方式可借助讲话者手势或面部表情加以弥补，因而不致使人产生厌烦。为了有效地吸引学生，教师的发音应力求变化。无论吐字力度，还是音高、音色、节奏，都应尽可能随讲课内容和感情色彩变化。

第三节 口才的修养内容和途径

一、教师口才的修养内容

纵观通用口才和教师口才修养要求，教师口才的修养内容需要着重强调以下几点：

（一）教师应该师德高尚

师德是良好的教师口才修养的灵魂。高尚的师德要求，可以从不同角度，概括出许多条来，但是最重要、最根本的一条就是一个"爱"字，即教师对于他的工作和工作对象——学生的热爱。热爱，会使一个教师具有高度的责任感和事业心，会使他不知疲倦地工作并乐于遵从规律去教书育人。

这样的教师自然会热爱他的事业，自然非常尊重、理解、关心、爱护他的学生，学生也自然非常亲近、爱戴、信赖这样的教师；这样的教师，言语自然会有一股真诚、热情、朴实的魅力。一句话，热爱是增强教师口才魅力并使之永具青春活力的不竭源泉。

（二）教师应该学识渊博

教师虽然都是高度专业化的学术工作者，但无论是过去还是现在，都强调教师要比一般人学识渊博；不仅要有比较高深的专业知识，而且要具有比较广博的一般知识。从教师口才角度来讲，教师学识渊博有很多好处。

首先，可以使讲授融会贯通，深入浅出，而不至于晦涩难懂，缠夹不

清。其次，可以使语流顺畅，语义连贯，而不至于呆板迟滞，赘语连篇。第三，可以有效地启发学生的思维。教师学识渊博，必定才情充沛，所以或举例，或引用，或设喻，都可以做到高屋建瓴、信手拈来。

（三）教师应该精通业务，具有良好的教育学、心理学和教学论修养

精通业务，是教师修养的核心。教育学、心理学和教学论分别从不同层次和角度揭示教育教学的规律和法则，展示教育教学的方法和技巧。

一个教师如果既具有良好的专业知识技能修养，又懂得运用教育学、心理学和教学论原理教书育人，那他的口才就一定能够做到规范科学、严密准确、灵活机智等等。这是确保他的口才具有教师职业特点、能够达到教师口才表达要求的技术上的关键。

二、教师口才的修养途径

教师口才的获得，是从一个人选择了教师职业生涯以后开始的，是当事人一般口才的一个自然延伸。无论是否经过师范院校的专门训练，教师口才获得的基本途径，主要是教师个人的教育工作实践。这种实践的步骤或过程，大致呈现出如下一些特点：

（一）通过观摩学习，首先获得对于教师口才的感性认识

观摩学习，从理性介入程度，可分为自发和自觉两种状态。一般来说，选择了做教师的人（包括师范院校的学生），有意无意、时断时续地对教师工作的言语状态或风格的注意，可视为自发的观摩学习；而有目标、有计划地进行教育教学见习，或按严格的自修计划进行这种见习，可称为自觉的观摩学习。

从活动形式上观摩又可分为集体的、有组织的和个别的、自由的两种。师范院校的教育学、心理学、教学论及其他教育学科类课程，组织和指导学生进行教育见习，属于集体的有组织的观摩学习；其他则属于个别的、自由的观摩学习。

观摩的作用是不言而喻的，就是对教师的专业工作用语（包括教师怎

样用声，怎样导入新课，怎样表扬和批评学生等等）获得最初的感性认识，或者叫做确立一个"模态"或"榜样"，以供进一步的学习"参照"。

（二）通过模仿练习，获得对于教师口才的初步掌握

模仿练习，可以叫"试教"。根据其练习情景，可分为模拟练习和实战练习两种。模拟练习，可称为无实战情景的练习。实战练习，又称为"实习"，或可叫做正式上课。但这种正式上课之所以不同于一般意义上的上课，在于上课者还是一位学习者而不是正式教师。

模拟也好，实战也好，之所以仍被称为"模仿"，是因为这种学习主要还表现为一种"依葫芦画瓢"的仿照式学习，其独立性、创造性成分不多，自主性、灵活性、应变性程度较低（极少数成绩优异者例外）。

模仿练习，是学习者亲口"尝梨子"的过程，其意义在于，经过反复多次这样的活动，学习者不仅从认识上而且从实践上，获得了掌握和运用教师口才的初步体验。这是一个由"知"到"做"进而到"会"的过程。

（三）通过独立运用，获得教师口才的良好技能

要走出模仿，获得对于教师口才的独立运用，需要一个进一步的实践过程。这个过程往往是从正式参加工作当教师开始。这个过程时间的长短，因人而异，少则三两年，多则三五年，甚至更长。

这个过程的目标能否达成，除了时间因素外，还取决于其他一些主客观条件。从客观方面来讲，时代社会对教师的专业化要求如何，个人所在学校对教师的业务管理是紧还是松等等，直接影响着教师个人口才的发展；从主观方面来看，个人素质潜能、敬业精神以及口才改进意识等等，则是影响个人口才发展的决定性因素。

（四）通过不断总结提高，使教师口才日臻完善

独立运用的过程，也是一个不断总结提高的过程。假如一个教师的言语运用技巧已经达到良好状态，而不以此为满足，仍然向更高、更优的界攀登，则他就进入了这一学习阶段——向优秀教师口才进军从而形成个人教师口才艺术风格的阶段。

这一阶段的学习，主要是把教师口才作为一种艺术而不是技能加以追

第一章　教师与口才 ·····

求，是一种高度自觉的、理性化的实践探索过程，是具有崇高的、远大的教育抱负和理想的表现。其目标能否达成，对于这些学习者来讲不是最重要的，最重要的是他要坚持这种努力。

古往今来，一切可以作为范例和榜样的优秀教师口才，都是这种努力追求的结果；即便是少数天资极其优异的教师，他们的精彩口才里，也融入和浸透了他们辛勤耕耘的汗水。

三、教师口才的修养方法

教师口才的习得途径，要比通用口才窄得多。但是通用口才的许多修养方法同样适合于教师口才。根据师范院校学习特点和教师职业工作特点，这里特别强调以下几种方法：

（一）观摩切磋

作为初级学习形式的观摩，重点在于观看、揣摩、领会。这种方法比较适合见习和实习教师。师范生，即使不处在教育见习和实习中，也可以随时随地地进行观察学习，广泛地注意大中小学的教师（包括通过观看影碟录像、网上视频），观看他们怎样与学生谈话或组织教学，揣摩、领会其中的方法奥妙。

作为提高教师口才修养手段的观摩，应该将重点放在切磋、改进、提高上。这种方法比较适合于在职后教育。一切同行或同行中优秀的教育工作者，都可以成为这种观摩学习的对象。这种学习需要具有一种虚怀若谷、"见贤思齐"的精神。

（二）总结提高

练习很重要。但练习后的总结更重要。总结帮助我们查漏补缺，扬长避短。总结提高法尤其适合于在职教师。教师每上完一节、一个单元或一个学期的课，或完成一个阶段的工作以后，要养成一个"回头望"的习惯。

要多从教师语言艺术运用的角度，去总结得失，发现规律。这种方法的运用，需要教师做一个反思型的教师，具有一种永不自满和自我超越否定的精神。这种学习，机会很多，方式灵活，也是快速改进和提高教师口才的重要方法之一。

（三）矫正积累

矫正就是纠正。有些人口齿不清，或说话声音太细，或"口头禅"（赘语）太多，或表情、手势失当等等，都要通过反复、刻苦的练习逐渐减少，直至消除。这是教师口才"整容"或美化的需要，不能一任自然。

每个学习者，都要对照教师口才标准检查自己，对自己应该不讲情面，不留隐患，不讳疾忌医，不自我姑息。积累是增加，教师口才也需要积累。积累的途径和方法很多。积累的内容，则主要是那些有助于丰富、活跃和改善教师口才的事实、材料、观点、经验、技法等等。

（四）理论学习

理论学习可以帮助学习者开阔视野，明确方向，认识规律，少走弯路，提高实践的效果。教育工作者如何把教师口才当作一门艺术而不仅仅是一种技能来追求呢？这需要理论指导来提高教师口才的实践层次。

首先，那些适合于通用口才的理论知识，同样适合教师口才。它们主要是从交际文化——交际哲学、语言学、心理学、美学、修辞学、逻辑学角度，告诉我们应该怎样说话以及怎样把话说好。

其次，那些适合于一般教育教学工作的理论知识，如教育学、教育心理学、教学论、德育原理、班主任工作原理等，同样适合于教师口才。它们主要是从教育文化——教育哲学、心理学、方法论角度，告诉我们应该怎样说话以及怎样把话说好。

总之，理论学习可以使实践收到事半功倍的效果。

第四节　教师口才训练方法

口才并不是一种天赋的才能，它是靠刻苦训练得来的。古今中外历史上一切口若悬河、能言善辩的演讲家、雄辩家，他们无一不是靠刻苦训练而获得成功的。

美国前总统林肯为了练口才，徒步 30 英里，到一个法院去听律师们的辩护词，看他们如何论辩，如何做手势，他一边倾听，一边模仿。他听到那些云游八方的福音传教士挥舞手臂、声震长空的布道，回来后也学他们的样子。他曾对着树、树桩、成行的玉米练习口才。

日本前首相田中角荣，少年时曾患有口吃病，但他不被困难所吓倒。为了克服口吃，练就口才，他常常朗诵、慢读课文，为了准确发音，他对着镜子纠正嘴和舌根的部位，严肃认真，一丝不苟。

我国早期无产阶级革命家、演讲家萧楚女，更是靠平时的艰苦训练，练就了非凡的口才。萧楚女在重庆国立第二女子师范教书时，除了认真备课外，每天天刚亮就跑到学校后面的山上，找一处僻静的地方，把一面镜子挂在树枝上，对着镜子开始练演讲，从镜子中观察自己的表情和动作，经过这样的刻苦训练，他掌握了高超的演讲艺术，他的教学水平也很快提高了。1926 年，他年方 30，就在毛泽东同志主办的广州农民运动讲习所工作，他的演讲至今受到世人的推崇。

我国著名的数学家华罗庚，不仅有超群的数学才华，而且也是一位不可多得的"辩才"。他从小就注意培养自己的口才，学习普通话，他还背了唐诗四五百首，以此来锻炼自己的"口舌"。华罗庚先生在总结练"口才"的体会时说的："勤能补拙是良训，一分辛苦一分才。"

作为教师，是最有机会训练口才的。所谓"教学相长"，教师在教学生的过程中，一直也在训练自己。

一、速读法

这里的"读"指的是朗读，是用嘴去读，而不是用眼去看，顾名思义，"速读"也就是快速的朗读。

这种训练方法的目的，在于锻炼人口齿伶俐，语音准确，吐字清晰。

这种方法可以在备课的时候使用，一边训练口才，一边检查备课的过程中有没有遗漏，一举两得。

这种训练方法的目的，在于锻炼人口齿伶俐，语音准确，吐字清晰。

方法：找来一篇演讲词或一篇文辞优美的散文。先拿来字典、词典把文章中不认识或弄不懂的字、词查出来，搞清楚，弄明白，然后开始朗读。一般开始朗读的时候速度较慢，逐次加快，一次比一次读得快，最后达到你所能达到的最快速度。

要求：读的过程中不要有停顿，发音要准确，吐字要清晰，要尽量达到发声完整。因为如果你不把每个字音都完整的发出来，那么，如果速度加快以后，就会让人听不清楚你在说些什么，快也就失去了快的意义。我们的快必须建立在吐字清楚、发音干净利落的基础上。

我们都听过体育节目的解说专家宋世雄的解说，他的解说就很有"快"的功夫。宋世雄解说的"快"，是快而不乱，每个字，每个音都发得十分清楚、准确，没有含混不清的地方。我们希望达到的快也就是他的那种快，吐字清晰，发音准确，而不是为了快而快。

速读法的优点是不受时间、地点的约束，无论在何时、何地，只要手头有一篇文章就可以练习。而且还不受人员的限制，不需要别人的配合，一个人就可以独立完成。当然你也可以找一位同学听听你的速读练习，让他帮助挑你速读中出现的毛病。比如哪个字发音不够准确，哪个地方吐字还不清晰，等等，这样就更有利于你有目的地进行纠正、学习。你还可以把你的速读录下来，然后自己听一听，从中找出不足，进行改进。

二、背诵法

我们做学生的时候都背诵过课文，包括诗歌、散文、小说等等。背诵，不仅丰富了我们的文学素养，也锻炼了我们的口才。

作为教师，坚持跟学生一样的要求，学生背诵的，自己也要背诵。这种训练的目的有三个：一是培养记忆能力，二是培养口头表达能力，三是为了更好地教学。

记忆是练口才必不可少的一种素质。没有好的记忆力，要想培养出口才是不可能的。只有大脑中充分地积累了知识，你才可能张口即出，滔滔不绝。如果你大脑中是一片空白，那么你再伶牙俐齿，也无济于事。记忆与口才一样，它并不是一种天赋的才能，后天的锻炼对它同样起着至关重要的作用，"背"正是对这种能力的培养。

"诵"是对表达能力的一种训练。这里的"诵"也就是我们常说的"朗诵"。它要求在准确把握文章内容的基础上进行声情并茂的表达。

背诵法，不同于前面的速读法。速读法的着眼点在"快"上，而背诵法的着眼点在"准"上。也就是你背的演讲词或文章一定要准确，不能有遗漏或错误的地方，而且在吐字、发音上也一定要准确无误。

方法：第一步，先选一篇自己喜欢的演讲词、散文、诗歌；第二步，对选定的材料进行分析、理解，体会作者的思想感情。这是要花点工夫的，需要我们逐句逐段地进行分析，推敲每一个词句，从中感受作者的思想感情，并激发自己的感情；第三步，对所选的演讲词、散文、诗歌等进行一些艺术处理，比如找出重音、划分停顿等，这些都有利于准确表达内容；第四步，在以上几步工作的基础上进行背诵。

在背诵的过程中，也可分步进行。首先，进行"背"的训练，也就是先将文章背下来。在这个阶段不要求声情并茂。只要能达到熟练记忆就行。并在背的过程中，自己进一步领会作品的格调、节奏，为准确把握作品打下更坚实的基础。第二，是在背熟文章的基础上进行大声朗诵。将你背熟的演讲词、散文、诗歌等大声地背诵出来，并随时注意发声的正确与

优秀教师的演讲口才

否，而且要带有一定的感情。第三，是这个训练的最后一步，用饱满的情感，准确的语言、语调进行背诵。

这里的要求是准确无误地记忆文章，准确地表达作品的思想感情。比如，我们要背诵高尔基的《海燕》，我们首先就应明白，这是篇散文诗。它是在预报革命的风暴即将来临，讴歌的是海燕——无产阶级战士的形象。整篇散文诗都是热烈激昂的，表达了革命者不可遏止的憎爱分明。那么我们在朗诵《海燕》时就要抓住这个基调。当然仅仅抓住作品的基调还是不够的，我们还要对作品进行一些技巧上的处理，比如划分段落、确定重音、停顿等等。平平淡淡，没有波澜，没有起伏，一调到底的朗诵是不会成功的。有些人在背诵《海燕》时把握了它激昂奋进的基调，却没有注意朗诵技巧，开口就定在最高的音上，结果到了表达感情的最高点时，就只能是声竭力嘶。我们说这也是把握欠准确的表现。如果对作者的思想感情发展的脉络有了准确的把握，那么就不会犯类似的错误了。

三、练声法

练声也就是练声音，练嗓子。在生活中，我们都喜欢听那些饱满圆润、悦耳动听的声音，而不愿听干瘪无力、沙哑干涩的声音。所以锻炼出一副好嗓子，练就一腔悦耳动听的声音，是我们必做的工作。

练声的方法是：第一步，练气。俗话说练声先练气，气息是人体发声的动力，就像汽车上的发动机一样，它是发声的基础。气息的大小对发声有着直接的关系。气不足，声音无力，用力过猛，又有损声带。所以我们练声，首先要学会用气。

吸气：吸气要深，小腹收缩，整个胸部要撑开，尽量把更多的气吸进去。我们可以体会一下你闻到一股香味时的吸气法。注意吸气时不要提肩。

呼气：呼气时要慢慢地进行。要让气慢慢地呼出。因为我们在演讲、朗诵、论辩时，有时需要较长的气息，那么只有呼气慢而长，才能达到这个目的。呼气时可以把两齿基本合上，留一条小缝让气息慢慢地通过。

你可以每天到室外、到公园去做这种练习，做深呼吸，天长日久定会见效。

第二步，练声。我们知道人类语言的声源是在声带上，也就是我们的声音是通过气流振动声带而发出来的。

在练发声以前先要做一些准备工作。先放松声带，用一些轻缓的气流振动它，让声带有点准备，发一些轻慢的声音，千万不要张口就大喊大叫，那只能对声带起破坏作用。这就像我们在做激烈运动之前，要做些准备动作一样，否则就容易使肌肉拉伤。

声带活动开了，我们还要在口腔上做一些准备活动。我们知道口腔是人的一个重要的共鸣器，声音的洪亮、圆润与否与口腔有着直接的联系，所以不要小看了口腔的作用。

口腔活动可以按以下方法进行：

第一，进行张闭口的练习，活动嚼肌，也就是面皮。这样等到练声时嚼肌运动起来就轻松自如了。

第二，挺软腭。这个方法可以用学鸭子叫"gāgā"声来体会。

人体还有一个重要的共鸣器，就是鼻腔。有人在发音时，只会在喉咙上使劲，根本就没有上胸腔、鼻腔这两个共鸣器，所以声音单薄，音色较差。练习用鼻腔的共鸣方法是，学习牛叫。但我们一定要注意，在平日说话时，如果只用鼻腔共鸣，那么也可能造成鼻音太重的结果。

我们还要注意，练声时，千万不要在早晨刚睡醒时就到室外去练习，那样会使声带受到损害。特别是室外与室内温差较大时，更不要张口就喊，那样，冷空气进入口腔后，会刺激声带。

第三，练习吐字。吐字似乎离发声远了些，其实二者是息息相关的。只有发音准确无误，清晰、圆润，吐字也才能"字正腔圆"。

我们都学过拼音，都知道每个字都是由一个音节组成的，而一个音节我们又可以把它分成字头、字腹、字尾三部分，这三部分从语音结构来分，大体上可以说是，字头就是我们说的声母，字腹就是我们说的韵母，字尾就是韵尾。

吐字发声时一定要咬住字头。有一句话叫"咬字千斤重，听者自动容"说的就是这个意思。所以我们在发音时，一定要紧紧咬住字头，这时嘴唇一定要有力，把发音的力量放在字头上，利用字头带响字腹与字尾。

字腹的发音一定要饱满、充实，口形要正确。发出的声音应该是立着的，而不是横着的；应该是圆的，而不是扁的。但是，如果处理得不好，就容易使发出的声音扁、塌、不圆润。

字尾，主要是归音。归音一定要到家，要完整。也就是不要念"半截子"字，要把音发完整。当然字尾也要能收住，不能把音拖得过长。

如果我们能按照以上的练习要求去做，那么你的吐字一定圆润、响亮，你的声音也就会变得悦耳动听了。

应多做一些这样的练习：

①深吸一口气。数数，看能数多少。

②跑 20 米左右，然后朗读一段课文，尽量避免喘气声。

③按字正腔圆的要求读下列成语：

英雄好汉 兵强马壮 争先恐后 光明磊落 深谋远虑 果实累累 五彩缤纷 心明眼亮 海市蜃楼 优柔寡断 源远流长 山清水秀

④读练口令

A. 八面标兵奔北坡，炮兵并排北坡炮；炮兵怕把标兵碰，标兵怕碰炮兵炮。

B. 哥挎瓜筐过宽沟，赶快过沟看怪狗；光看怪狗瓜筐扣，瓜滚筐空怪看狗。

C. 洪小波和白小果，拿着箩筐收萝卜。洪小波收了一筐白萝卜，白小果收了一筐红萝卜。不知是洪小波收的白萝卜多，还是白小果收的红萝卜多。

四、复述法

复述法简单地说，就是把别人的话重复叙述一遍。这种方法在课堂上使用的较多。如老师让同学们看一段幻灯片，然后请同学复述幻灯片的情节或人物的对话。这种训练方法的目的，在于锻炼人的记忆力、反应力和

语言的连贯性。

方法：选一段长短合适、有一定情节的文章。最好是小说或演讲词中叙述性强的一段，然后请朗诵较好的同学进行朗读，最好能用录音机把它录下来，然后听一遍复述一遍，反复多次地进行，直到能完全把这个作品复述出来。复述的时候，你可把第一次复述的内容录下来，然后对比原文，看你能复述下多少，重复进行，看多少遍自己才能把全部的内容复述下来。这种练习绝不单单在于背诵，而在于锻炼语言的连贯性。如果能面对众人复述就更好了，它还可以锻炼你的胆量，克服紧张心理。

这要求我们在开始时，只要能把基本情节复述出来就可以，在记住原话的时候，可以用自己的话把意思复述出来；第二次复述时就要求不仅仅是复述情节，而且要求能复述一定的人物语言或描写语言；第三次复述时，就应基本准确地复述出人物的语言和基本的描写语言，逐次提高要求。在进行这种练习之前，最好能根据自己的实际情况和所选文章的情况，制定一个具体的要求。比如选了一段共有10句话的文章，那么第一次复述时就要把基本情节复述出来，并能把几个关键的句子复述出来；第二次就应该能复述出 5 ~ 7 个句子；第三次就应能复述 8 ~ 10 个句子。当然，速度进展得越快，也就说明你的语言连贯性和记忆力越强。

开始练习时，最好选择句子较短、内容活泼的材料进行，这样便于你把握、记忆、复述。随着训练的深入，你可以逐渐选一些句子较长，情节少的材料进行练习。这样由易到难，循序渐进，效果会更好。

这种练习一定要有耐心与毅力。如果一开始就选用那些长句子、情节少的文章作为训练材料，结果常常是欲速则不达。这就像我们学走路一样，没学会走，就要学跑是一定要摔跤的。而且这个训练有时显得很繁琐、麻烦，甚至是枯燥乏味，这就需要我们要有耐心与毅力，要知难而进，勇于吃苦，不怕麻烦。没有耐心与毅力，那么你将注定是一事无成的。

五、模仿法

我们每个人从小就会模仿，模仿大人做事，模仿大人说话。其实模仿的过程也是一个学习的过程。我们小时候学说话是向爸爸、妈妈及周围的人学习，向周围的人模仿。那么我们练口才也可以利用模仿法，向这方面有专长的人模仿。这样天长日久，我们的口语表达能力就能得到提高。

其方法是：

①模仿专人。在生活中找一位口语表达能力强的人，请他讲几段最精彩的话，录下来，供你进行模仿。你也可以把你喜欢的、又适合你模仿的播音员、演员的声音录下来，然后进行模仿。

②专题模仿。几个好朋友在一起，请一个人先讲一段小故事、小幽默，然后大家轮流模仿，看谁模仿的最像。为了刺激积极性，也可以采用打分的形式，大家一起来评分，表扬模仿最成功的一位。这个方法简单易行，且有娱乐性。所要注意的是，每个人讲的小故事、小幽默，一定要新鲜有趣，大家爱听爱学。而且在讲以前一定要进行一些准备，一定要讲准确、生动、形象，千万不要把一些错误的东西带去，否则模仿的人跟着错了，害人害己。

③随时模仿。我们每天都听广播，看电视、电影，那么你就可以随时跟着播音员、演播员、演员进行模仿，注意他的声音、语调，他的神态、动作，边听边模仿，边看边模仿，天长日久，你的口语能力就得到了提高，而且会增加你的词汇，增长你的文学知识。

这里要求要尽量模仿得像，要从模仿对象的语气、语速、表情、动作等多方面进行模仿，并在模仿中有创造，力争在模仿中超过对方。

六、描述法

小的时候我们都学过看图说话，描述法就类似于这种看图说话，只是我们要看的不仅仅是书本上的图，还有生活中的一些景、事、物、人，而且要求也比看图说话高一些。简单地说，描述法也就是把你看到的景、事、物、人用描述性的语言表达出来。

七、角色扮演法

角色一词，我们也是从戏剧、电影中借用来的。是指演员扮演的戏剧或电影中的人物。我们这里的角色，与戏剧、电影中讲的角色，有着相同的意义。

角色扮演法，就是要我们学演员那样去演戏，去扮演作品中出现的不同的人物，当然这个扮演主要是在语言上的扮演。

其方法是：

①选一篇有情节、有人物的小说、戏剧为材料。

②对选定的材料进行分析，特别要分析人物的语言特点。

③根据作品中人物的多少，找同学，分别扮演不同的人物角色。比比看，谁最能准确地扮演自己的角色。

④也可一个人扮演多种角色，以此培养自己的语言适应力。

这种训练的目的，在于培养人的语言的适应性、个性，以及适当的表情、动作。

八、讲故事法

同学们都喜欢听故事，一个擅长于讲故事的教师往往很受欢迎。讲故事看起来很容易，要真讲起来就不那么容易了，常言说："看花容易，绣花难。"听别人讲故事绘声绘色，很吸引人，有些朋友听起故事来甚至都可以忘了吃饭、睡觉，可是自己一讲起来，仿佛就不是那么回事了，干干巴巴，毫无吸引力。因此，讲故事也是一种才能，并不是人人都可以把故事讲好的。要经常讲，用心讲，讲故事是练口才的一种好方法。

方法：

①分析故事中的人物。故事的情节性是十分强的，而且故事的主题大都是通过人物的语言、行动表现出来的，所以我们在讲故事之前就要先研究人物的性格特征，以及人物之间的关系。比如，我们要讲《皇帝的新

优秀教师的演讲口才

衣》这个童话故事，那么你就要分析其中的几个人物，以及他们的性格，然后把国王的愚蠢无知，骗子的狡诈阴险，大臣的阿谀奉承、不分是非，乃至小孩的天真无邪都用语言表现出来。

②掌握故事的语言特点。故事的语言不同于其他文学形式的语言，其最大的特点是口语性强、个性化强。所以当我们拿到一个材料的时候，不要马上就开始练习讲，而要先把材料改造一下，改成适合我们讲的故事。

③反复练讲。对材料做了以上的分析、加工以后，我们就可以开始练讲。通过反复练讲达到对内容的熟悉。最后能使自己的感情与故事中人物的感情相隔合，做到惟妙惟肖地表现人物性格，语言生动形象。

另外，边练讲，还要边注意设计自己的表情、动作。看看你讲故事时的表情、动作是不是与你讲的内容相一致。

要求：①发音要准确、清楚。平舌音、翘舌音、四声都要清楚。最好能用普通话讲。②不要照本宣读。讲故事是不允许手里拿着故事书照着念的，那样就成了念故事了。讲故事要用自己的语言去讲。

总之，训练口才并不是一朝一夕的事情，坚持不懈，终会成功。

第一章　教师与口才

第二章
教师与演讲

　　教师的口才，跟演讲有着密不可分的关系。因为演讲是在"大庭广众之下说话"，又或者说，演讲是指"人们在会议、集会或一定场合发表的讲话"。这样，教师的每一堂课几乎都可以看作一场演讲。前面提及一个名词"教学演讲学"，正包含此意。

　　显然，演讲和教师素质有着密切的关系，是教师职业能力的重要组成部分。

第一节　教师要有演讲口才

演讲侧重于人们在大庭广众面前的口语表达能力。学校开大会经常有教师发表演讲，每周升国旗仪式的"国旗下讲话"也是教师们的常备节目。再比如学生搞联欢会、过生日、几个人小聚，教师说几句祝福的话，这也是演讲。凡此种种，都说明：教师，离不开演讲。

一、演讲的含义

演讲又叫讲演或演说，是指在公众场所，以有声语言为主要手段，以体态语言为辅助手段，针对某个具体问题，鲜明、完整地发表自己的见解和主张，阐明事理或抒发情感，进行宣传鼓动的一种语言交际活动。

演讲演讲，既要"演"，又得"讲"。演讲如果只有"讲"没有"演"，只作用于听众的视觉听觉器官而不作用于听众的视觉器官，就会缺少动人的主体形象和表演活动；如果只有"演"而没有"讲"，只作用于听众的器官而不作用于听众的听觉器官，就会缺少表达内容而令人费解。所以，二者缺一不可，相辅相成。但是，"演"与"讲"的和谐必须是以"讲"为主，以"演"为辅，"演"必须建立在"讲"的基础上，否则便失去了演讲的意义。

作为人类一种社会实践活动，演讲的构成有四大要素，即演讲的主体、演讲的客体、演讲主客体沟通的手段、演讲的场合。这四个方面可以说是任何一次演讲都不可缺少的构成要素。

如果把某一堂课当作演讲，这四个方面对应的分别是：教师、学生、

教学语言和行为、教师。当然，不是所有的课堂都可以采取演讲的方式，这样对比只是为了便于理解。我们考察演讲的本质时就应首先从这四个要素入手，只有这样我们才能抓住演讲的本质，达到真正明白什么是演讲的目的。

（一）演讲的主体

演讲的主体指的是进行演讲的演讲者。演讲在演讲客体中产生什么样的反映，达到什么样的目的，在演讲中使用什么样的方式，选择什么样的场合，可以说演讲的主体往往起着主导作用，因此演讲主体在演讲中起着关键的作用，演讲主体直接影响到演讲的效果。所以一个好的演讲者一定要充分的认识到这一点，严格要求自己，认真准备演讲，使演讲达到最高的境界。顾名思义，本书以教师为读者对象，针对的演讲主体也是教师。

（二）演讲的客体

演讲中的客体是与演讲主体相对而言的，指的是演讲中的听众。

我们都知道，演讲虽然不像交谈、论辩那样具有交流的强烈相向性，但是演讲也是一种人与人的沟通手段。既然是沟通，他就具有双向性的特点，而且演讲的真正目的在于感染人、鼓动人、说服人。演讲者是要通过演讲这种较高层次的手段将自己的思想、感情、观点传达给听众，或使其知，或使其信，或使其激，或使其动，或使其乐。如果我们的演讲者不能做到这一点，那么演讲也就失去了意义。因此，我们在探究演讲的本质时就不能抛开听众——演讲的这一客体而不顾，听众是我们每一个演讲者必须进行研究的对象，也是我们演讲中不可或缺的要素之一。教师演讲的客体一般为学生、其他教师、学校管理人员等。

（三）主客体沟通的手段

演讲的沟通手段主要依赖于有声语言和态势语言，以及主体形象。

有声语言是演讲活动最主要的物质表达手段，是演讲者赖以表情达意的最主要的物质载体。有声语言主要由两部分构成，一是声音，一是语言。演讲者主要通过有声语言将自己的思想、情感、观点、传递给听众，诉诸听众的听觉器官，从而达到演讲的目的。演讲中的有声语言的传递是演讲沟通中最基本、最主要的手段，要求吐字清楚、准确、声音清亮、圆润、甜美，语气、语调、声音、节奏富于变化。

态势语言也被称为无声语言，态势语言在演讲中起着辅助有声语言进行沟通思想情感的作用。它是演讲者在表达情感、阐释思想时自觉或不自觉表现出的一种姿态、动作、手势、表情等，这些态势语言直接诉诸听众的视觉，它们辅助有声语言的表达，并对有声语言的表达起着深化作用，使整个演讲更具有感染力和可看性。一次演讲中演讲者态势语言的好坏，将直接影响到演讲的效果，要求准确、鲜明、自然，协调。

主体形象是指演讲者的体形、容貌、衣冠、发型、举止、神态等。主体形象的美丑，好与差，直接影响着演讲者思想感情的表达。它要求演讲者在符合演讲思想感情的前提下，注重装饰朴素、得体，举止、神态、风度的潇洒、优雅、大方，给听众一个美的外部形象。

总之，演讲的有声语言和态势语言构成了演讲的主要传达系统，具有较强的艺术性，也是体现演讲艺术美的主体部分。

（四）演讲的场合

场合是演讲中的一个环境、时间要素。任何一次演讲都是在一定的环境中进行的，是在一定的时间进行的。对每一次具体的演讲来说都有着具体的环境，是面对几万人的听众在大礼堂中演讲，还是在街头巷尾面对过往的行人演讲；是在新婚喜庆的场合演讲，还是在悼念英烈、亲朋的葬礼上演讲……这些都从一定程度上影响着演讲者的情绪、仪态、乃至声音、语言，同时也都影响着演讲的内容、传达的手段和听众的心态。因此，要想做好一次成功的演讲，不充分地考虑场合的因素是愚蠢的，也是不会获得成功的。所以，场合作为演讲的组成部分，是不能不给予考虑的因素。

综上所述，我们可以这样认识演讲：演讲就是在特定的场合中，讲话者凭借自己的口才，运用有声语言，并辅之以势态语言如姿态、动作、手势、表情等艺术手段，面对广大听众就某个问题发表意见、抒发感情，从而达到感召听众并促使其行动的一种现实的信息交流活动。

二、教师要有演讲口才

演讲的历史悠久，作为一门口才艺术，古希腊将其誉为"艺术之女王"。演讲作为一种口才能力，能够增进人们进取的机会，提高事业成功的概率。

我国自20世纪80年代以来，演讲学悄然兴起，许多高等院校开设了演讲课，各种类型的群众性演讲活动通过电视等大众传播媒介走进人们的生活。特别是世界华语大专辩论会的举办，一度在大学生中掀起了演讲热。

口才与演讲已成为现代人，特别是年轻人的必修课和必备修养。而作为一名教师，在职业生涯中，简直须臾离不开演讲。因为教师要工作，要教学，就必须开口讲话。"师者，传道、授业、解惑也。"教师开口讲话，就必须言之有据。因此，教师必须具备一定的演讲口才。

演讲一般需要有好的口才才能成功，但有口才不一定能做好演讲。

对于教师来说，演讲能力是不可或缺的。一个优秀的教师，必定具有优秀的演讲口才。

教师演讲，是从属于演讲的职业口语活动，受教育内容、教育目的及教育对象的制约，不仅有知识信息的流动转换，而且伴有人格情感的交流互动。依据内容、形式、体裁、目的分为不同类型。

按内容分，有教学演讲、教育演讲、学术演讲；按形式分，有命题演讲、即兴演讲；按体裁分，有说明式、叙述式、议论式、论辩式；按目的分，有信息式、论证式、鼓动式。根据教育规律、教学原则，教师演讲可分为命题演讲和即兴演讲两大类。

命题演讲，即备稿演讲，是指教师根据事先拟定的题目、范围，或根据教学内容要求事先写好的教案或提纲的演讲活动。即兴演讲，是指教师受身边人、事、物、景的启发感染，临场发挥的口语表达活动。

无论是命题演讲，还是即兴演讲，都是教师语言风格的表现手段之一，是教师先进的教育思想、丰厚的知识积淀、娴熟的教育能力和高超的语言艺术的完美结合。

三、演讲口才是训练出来的

有人或许会产生这样的疑问：世界上谁不会说话呢？哑巴是极个别的，口吃也能矫正，一两岁的幼儿大多已经开始说话，难道这还是一门本事、一门学问、一种艺术？值得去学习和钻研吗？

实践证明只要掌握了一定的方法，通过训练是可以提高口语表达能力的。如果你去请教一位开车的师傅："怎么样才能学好汽车驾驶技术？"多数司机会回答你："没啥难的，熟练工种而已。"可见技能的掌握主要靠训练。

事实上，我们一般意义上所说的会说话是指说话的能力，确切地说是能说话，而"会说话"的本意则是善于说话，换言之指说话的技巧极佳。

显然有准备的讲话，可喻为顺水行船，要求在风浪中不摇不晃，已属不易；事前毫无准备的即兴讲话，则如逆水开顶风船，要求更高。如果你参加一项大型社交活动，临场被邀请发表意见。既要讲得中心明确、重点突出、条理清楚、层次分明、措辞妥当、语言简洁、流畅；同时又要做到抑扬顿挫、轻重疾徐、有板有眼；还要将你心中的真知灼见、喜怒哀乐、甜酸苦辣，阐述得中肯、精辟，表达得淋漓酣畅、恰如其分，具有较强的说服力、感染力……这是一件何其困难的"差事"？

正如俗话所说："台上三分钟，台下十年功。"如非平日训练有素，谁能临场应付自如？至于辩论演讲，双方磨砺以须，唇枪舌剑，据理力争。不同的观点，针锋相对，短兵相接：一方面要严加防备，避免被对方抓住一言一语的把柄以发起猛攻；同时又要敏锐观察对方虚实，寻找一词一字的漏洞，准备随时出击。这就需要更好的演讲才能。在重大的政治斗争、外交斗争中，口才尤其重要，真可谓"一人之辩，重于九鼎之宝；三寸之舌，强于百万之师"，"一言兴邦，一言丧邦"。

因此，演讲绝非单纯的口舌之功、雕虫小技，而是高智力型的复杂脑力劳动。它是有目的、有计划地在大庭广众之下发表意见，使见解一致的听众更坚定其原有的信念。同时，力争不同见解的听众动摇、放弃、改变其原有的思想观点，心悦诚服地接受你的意见。

第二节 演讲的目的和作用

一、演讲的目的

人们的任何社会实践活动都有明确的目的，其功利性是非常鲜明的。由于演讲活动是演讲者与听众的双边活动，所以，演讲的目的就分别体现为演讲者演讲的目的和听众听演讲的目的。而每个演讲者由于身份、地位、年龄、专长各不相同，演讲的目的也不尽相同，甚至每位演讲者的每次演讲的目的也不相同。

从宏观目的看：演讲目的就是演讲者与听众取得共识，激起行动，推动人类社会向理想境界迈进。演讲无论是宣传自己的政治主张、观点，或是传播道德伦理情操，还是传授科学文化知识和技艺，都是为了让听众同意自己的主张、观点和立场以取得共识，并在此基础上激发听众的实际行动，向着理想境界迈进。

从微观目的看：演讲者都有自己的正式职业或专业，由于其职业、专业、经历等多种因素的不同，演讲的目的、内容也有所不同。因此，从微观上看，每位演讲者的每一次演讲都有不同的具体目的。演讲的宏观目的与微观目的并不矛盾。

从听演讲的目的看：听众是无数个个体的集合。由于他们年龄、性别、文化程度、兴趣、职业等不同，听演讲的目的也各不相同。即使目的都一样的听众，对同一内容的演讲也往往各取所需。但从总体上说，演讲者的个体实用目的和听众个体实用目的是一致的，紧密相连而又互为体现的。如果离开这条，演讲将很难存在。

除了从宏观、微观、听众三方面作"横"的分析外，还可从"纵"的方面分析，即演讲者追求的两个目的：现场目的和延伸目的。

现场的目的：每一个演讲者都希望演讲能成功，这一目的完全从现场和直观效果反映出来，如听众的表情、情绪，或者捧腹大笑，或者义愤填膺，或者欢呼雀跃，或者泪水横流，或者高呼口号，或者掌声雷动，这就表明演讲者的实用目的符合了听众的实用目的，引起了共鸣。现场的效果仅是表面的，关键是演讲者的实用目的、演讲的内容打动了听众的心灵。离开这些，再有成功的欲望和目的也难奏效。

延伸目的：任何演讲者都不会停留在现场的目的上，而是更深远的目的，引导实际行动才是演讲者的最终目的。演讲现场的目的是延伸目的的前提和基础，延伸目的又是现场目的的归宿，两者紧密相连。没有现场目的的实现，就不可能有延伸目的的实现；如果忽视追求现场目的，延伸目的不过是一句空话。

具体到教师的演讲，其目的仍然离不开"传道、授业、解惑"等教师的天职。教师演讲，要让听众接受你的情感、观点和主张，如前苏联一位学者所说，"人的感情首先是被人所接纳"。让人接纳你的情感并非易事，因为任何一个人，特别是成年人，他们都有自己的人生观念、处世之道，想轻易改变他们的固有观念可以说比登天还难，对于正在形成世界观和人生观的青少年，告诉他们正确的观点和主张极为重要。

成功的演讲总能以扣人心弦的话题和鼓动性的语言"笼络人心"，让人在激动和忘我的境地中欣然接受你的观点。这是演讲的魅力所在，也是演讲目的之根本所在。

演讲是一种复杂的社会实践，更是一种工具。人们拿起工具总是有目的的，没有目的的演讲是不存在的，只是目的的正确与否、高雅与否的不同而已。所以，每位演讲者必须树立明确的演讲目的，做到宏观和微观的统一、表层与深层的统一、目前与长远的统一，这样的演讲才是有意义的、有价值的。

第二章　教师与演讲

二、教师演讲的作用

演讲的作用可分为对内和对外两方面。对内是对演讲者自身，对外是指对听者乃至整个社会。

（一）对演讲者的作用

1. 促进自己迅速成材

演讲家都不是天生的，而是后天实践造就的，是经过艰苦的多方面的努力才成功的。演讲家必须具备站在时代前沿的精深的思想，渊博的学识、丰富的阅历；具备敏锐的观察力、敏捷的思维力、准确的判断力、敏捷的思维力、迅速的应变力和较强的记忆力，这更需要刻苦的磨炼。可以说，演讲对促进人的成材有极大的作用。

优秀的教师，同时也是演讲家。教师通过演讲，让自己变得更优秀。

2. 激励观众和自己多做贡献

一个人思想精深，学识渊博，但却茶壶煮饺子"道"不出来，未免遗憾。自己在公众面前说出的话，自己就要做到。演讲，激励的是别人，更是自己。

3. 融洽人际关系

演讲家经过长期训练和实践的本领，不仅在演讲台上可以表现他们的文雅举止和出众口才，而且在日常交际生活中，他们的丰富的学识、敏捷的应对、良好的修养都很容易冲破种种人际关系的障碍，比一般人更能迅速、有效地与人交往和沟通。

一个教师面对全校师生发表演讲，之后就可能有不认识的学生主动过来倾吐心事。相对于一对一的沟通，一次演讲，能让更多的人认识你，打开更多人的心扉。

（二）对社会的作用

1. 祛邪扶正，形成正确的舆论，促进社会文明发展

人类社会的文明史，就是真善美与假恶丑的斗争史。而演讲历来是这

种斗争的主要工具之一。教师的演讲客体是青少年，是社会未来的主体，他们从教师身上吸取力量，陶冶情操，形成世界观、人生观、价值观，必然会影响未来社会的发展。古今中外正义的演讲家，都是拿着演讲这个武器，宣传真理，唤醒民众，推动社会进步。

2．培养高尚美好的情感，促进人类的文明建设

演讲家在演讲时，总是用正确的道德情感来感染和影响听众，从而培养听众的情感，诸如爱国主义情感、国际主义情感、集体主义情感、革命英雄主义情感等。学校不仅仅是学习知识的地方，情商比智商重要，方向比努力重要。

3．唤起听众的行动和实践

一次成功的演讲，除了启迪人心、传播真理、培养情感外，最终目的是唤起听众的行动和实践，使之投身于改造主、客观世界的社会活动中。不能引发出听众正确行动的演讲不是好演讲。引发作用使演讲产生强烈的现实意义和历史价值。

三、演讲的特征

为提高演讲水平，必须理解和掌握演讲的特征。具体来说，演讲有如下四点特征。

（一）现实性

一般来说，演讲活动属于现实活动范畴，而不属于艺术活动范畴，它是演讲家通过对社会现实的判断和评价，直接向广大听众公开陈述自己主张和看法的一种现实活动。

首先，从反映的对象和表现手段看，一个人当众演讲，关键在于以其思想性、原则性，帮助听众弄清复杂的社会现象，解决某一问题。或者说要提出一个问题，加以分析，然后解决这个问题。这是较好的演讲绝不可缺少的首要方面。而演讲者对现实的评价和判断，主要是通过许多事实、概念和主张以及通过判断、论证、推理及其他逻辑手段来实现的。他是面对广大听众直接表述的，是现实的。它绝不像艺术那样，是以典型的艺术

形象来充当演讲者思想的基本体现形式。在演讲中为了生动地讲述某一部分内容，也可能借助于种种言语艺术手段，甚至也可能引述寓言格言、小说、诗歌、戏剧等艺术作品中的语言、人物和事件，其目的就是为了更生动、更具体、更鲜明地阐述道理。

其次，从演讲者的活动来看，演讲者的活动不同于表演艺术家的活动。演讲者是现实中的自己，走上讲台的仍然是他自己，面对广大听众公开发表自己的主张和观点。而表演艺术家则不然，在台下是生活中的自己，一走上舞台就不是自己了，而是要按照剧本规定的角色，运用多种艺术手段，根据舞台及情节的需要进行修饰和化妆。因此，演讲家给人真实的现实感，而表演艺术家则给人以形象的艺术感。

最后，从表现形式上看，演讲是以讲为主，以演为辅，直接抒发情感，公开陈述自己主张的。这个"讲"虽然是语言的艺术，但仍然是演讲家根据所要表达的思想、情感和需要，进行现实的、真实的"讲"，而不是表演艺术家根据塑造典型人物的需要，所进行的那种艺术的甚至是夸张的"讲"。演讲者虽然也有"演"的艺术性，但这个"演"不仅形式不同于艺术的"演"，且就其"演"的作用来说，也不同于艺术的"演"。比如，舞蹈是通过一系列连续不断的形体动作表达思想感情的；而演讲的"演"，不但是真实生活的再现，是有节制、有限度的，而且它在演讲里的作用是从属的、次要的、它是为"讲"服务，为有声语言的表达服务的。

（二）艺术性

精彩的演讲应该具有相声般的幽默、诗歌般的激情、戏剧般的冲突和优美的势态动作，具有很强的艺术感染力。演讲稿是书面的语言艺术，演讲的话语是有声语言艺术；内容波澜起伏具有戏剧特点；演讲者的幽默机智有如相声曲艺；背景环境的布置和演讲者的"演"构成一种画面感；而演讲者的姿势、手势短暂停留的一瞬间，又具有雕塑感。这一切有机地统一，就会形成特定的审美效果和较高的艺术性，产生综合的艺术感染力。

从当代的艺术观来讲，现代艺术可分为两大艺术系统，一是欣赏艺术系统，一是实用艺术系统。实用性艺术虽然多种多样，但主要又可分为物质实用艺术和精神实用艺术，物质实用艺术主要是那些与物质实用需要并借助物质条件展示出来的艺术，如建筑艺术、食品艺术等等；精神实用艺术则是指出于精神实用需要并借助于人的精神活动条件而展示出来的艺术，如演讲艺术、宣传艺术等。

另外，演讲之所以优于其他的一切现实的口语表达形式，并有较大的魅力，还因为它不仅是由多系统（如语言系统、声音系统、表演系统、主体形象系统、时境系统等）要素构成的综合的实践活动，而且还在于它使这些系统要素有机结合而形成了自己的特点：第一，具有统一的整体感；第二，具有协调感；第三，富于变化。任何美的事物都是富于变化的。

再之，演讲的艺术性还表现在，它不单纯是现实的活动，而且还具备着戏剧、曲艺、舞蹈、雕塑、绘画等各种艺术种类的某些特点和因素。

（三）鼓动性

演讲没有鼓动性，就不称其为演讲。政治演讲也好，学术演讲也好，都必须具备强大的鼓动性。这是因为一切正直的人们都具有追求真、善、美的强烈愿望、都有渴求知识的欲望。而演讲的目的就是要传播真、善、美，就是要传播知识，开启人们的智慧，陶冶人们的情操。在这一点上，演讲家与听众之间就很容易沟通，并能建立起共识。听众自然就愿意听，容易引起强烈的共鸣。

演讲家在传播真、善、美的时候，总是饱含着炽烈的情感。感人心者莫先乎情。演讲家总是以自己的情感之火去点燃听众的情感之火，用自己炽烈的情感之手去拨动听众的心弦，从而使其动情，引起共鸣，达到影响的声音、语调，丰富的表情和多变的手势，都容易感染听众，加强着演讲的说服力。又比如那严谨的结构，那缜密的逻辑，都能像触角一样伸向每一个听众，像钳子一样，钳住每一个听众。

另外，演讲的直观性，也加强了它的鼓动性。

（四）工具性

演讲是一门科学，是一门艺术，也是一种工具。语言是人们交流思想的工具，演讲从某种意义上说是语言的艺术，自然它也是工具，是人们交流思想的工具，而且这个工具是最经济、最实用、最方便的。

正如秋瑾女士在《演讲的好处》一文中所说，一是"随便什么地方，

都可以随时演讲";二是"不要钱,听的人必多";三是"人人都听得懂,虽然不识字的妇女、小孩都可听的";四是"只须三寸不烂饶舌头,又不要兴师动众,掏什么钱";五是"天下的事情都可以晓得"。可见演讲的好处甚多,它既实用、又方便,因此人们很有必要对此加以学习。

四、成功演讲的艺术真谛

从古至今,由中到外,无数著名的演讲家的演讲艺术虽然各显风采,但是,它们有着共同的、本质的艺术真谛,即下文所归纳的八个特征。

（一）演讲目的的真理性

人们登台演讲都受制于一定的动机,诱发于一定的目的,这是人类行为特征所决定。但是,不同的人从不同的立场、角度出发,就会有不同的演讲目的。而真正成功的演讲,其目的在于讴歌真理,在于激发人们去追求真、善、美,即富有"真理性"。

著名教育家张岱年认为:"真"是认识的价值,即对客观世界与人类自身有正确的认识;"善"是道德的价值,即用道德准则来调整个人与个人,个人与社会、国家、民族需要之间存在的矛盾;"美"是艺术的价值,即客观世界的事物,有些适合人的情感,令人感到愉快,人类能创造出一些令人愉快的物品,即艺术品,艺术品能给人美感。成功演讲的目的——追求真、善、美,就是要极力揭示或传播主观对客观世界的正确认识,而不是宣传谬论;要大力引导人们用道德准则去正确调整个人与个人,以及个人与群体之间的关系,而不是设法误导人们的伦理道德;要努力完善演讲,使自身的演讲成为"艺术品",给人以美感,同时,教会人们去追求美、鉴赏美、创造美,而不是让人美丑不分,以丑为美。演讲只有为真理而演讲,为呼唤真理而演讲,那它才有真正的生命力,才会经得起时间与历史的考验,才会有利于社会的进步、事业的发展。一切违背真理的"咆哮",终将被真理所抛弃,扫进历史的垃圾堆。

（二）演讲形象的人格性

演讲的圣堂并非任何人随意所能登踏,也并非任何人所讲都能如愿。

成功演讲本身对演讲者是有选择的。不论是谈论自己，还是抒发他人、他物，演讲者都要有形象的塑造。

这个形象是以"人格化"为基调的，演讲者人格形象的树立，事实上就是形成演讲者的人格魅力与磁性，演讲者有了这种魅力与磁性就为演讲成功营造先入为主的意境。演讲者的人格不在于美丽的外貌和华贵的装饰，而在于具有坚定信念、优良品行、刚毅果敢、一身正气、热爱祖国、忠于人民、无私奉献、光明磊落、实事求是、坚持真理以及充满活力、蓬勃向上的品格。这种品格也是演讲的一种无声语言，它会自然吸引人、产生感染力。

孔子曰："不能正其身，如正人何？""子帅以正，孰敢不正。"大凡成功的演讲者都十分注重修身养性和人格形象再塑。没有人格、品德败坏的人是无权登台演讲的。一个行动的矮者、知行不一的人，充其量只能来一阵理论的空喊；一个品行败坏、图谋不轨的人，再动听的语言只能是一时的欺骗。

（三）演讲观点的共鸣性

任何演讲离不开谈理论、讲观点。但谈理论讲观点绝不可以盲目进行。在注意观点正确的同时必须高度重视听众的可接受性。听众接受、形成共鸣，才能成功。

演讲的观点阐述必须考虑听众所处的时代、场合，必须根据不同的对象、不同层次的听众选择不同的观点和语言表达方式，最终实现演讲者与听众心理相容、观点共鸣。成功演讲者常常把句句言辞说在听众的心坎上，或让听众点头称是，或让听众激动不已，甚至让听众无法控制自己而爆发出阵阵笑声和掌声。这就使演讲者与听众融于一体，形成共鸣。

这种共鸣源于演讲者善于抓住听众的所思、所想、所言的困惑，并且能加以突破。成功演讲者注重演讲选题，使之具有时代性；注重观点选择，使之符合科学、符合实际、符合听众且富有新意。老生旧说不行，不顾对象瞎说不行，不分场合乱说不行。相反，应老生新论、因人而说、因地而讲、因事而谈，实现演讲者所言、所语、所感、所悟、所举、所动与听众达成最佳的交流，形成最强烈的共鸣。

(四) 演讲思维的哲理性

成功演讲都能给人留下难忘的言语、深邃的思考以及人生美好的启迪。这种外在的成功离不开内在的功夫，即演讲者哲理性的思维，形成思维哲理性的品质。演讲者无论对本人或他人的经历、事迹、教训、感想，还是对事物、事件的评价、感受，都应进行缜密的思维、提炼，使之具有哲理性。

成功的演讲者必须常常观察社会、洞察现实、思索人生、理性思辨、深层思维、哲理概括。虽然，听众不可能记下演讲者的句句话语，但经过演讲者千锤百炼而成的哲理性语言，能打动听众的心，能给听众无穷的思考和深远的启示。

(五) 演讲语言的多样性

演讲者与听众的信息交流是通过演讲语言来实现的，离开了语言，演讲也不复存在。演讲语言是个丰富多彩的王国：既有意美以感心的内部语言，又有音美以感耳的口头语言；既有形美以感目的态势语言，也有物美以感人的道具语言；既有诗词的熟练背诵，又有名言警句的灵活运用；既有抑扬顿挫，又有轻重缓急；既有高昂的语调，又有低沉的声音；既有严肃的格调，又有诙谐的幽默等等。

成功演讲正是能适时、适度、适情、适意灵活自如地综合运用这些语言。综合运用多样性语言就是让听众接受多方的语音刺激，从而调动听众"听"的积极性，强化演讲主题，给听众留下深刻印记，为演讲成功服务。用贫乏枯燥的语言、单一乏味的言辞演讲是难能获得成功的。

(六) 演讲选例的典型性

演讲离不开举例，举例目的为佐证或导论。但选何事例、选多少则必须依演讲主题、观点需要而定。不必多选，也不可少选。多选常常给人以事例堆砌、讲解故事之感，没有事例则又给人缺乏说服力之感。

成功演讲其选例要具有"典型性"：一方面选用事例必须同阐述观点紧密相连，必须能说明问题，不能说明问题的事例，绝不可牵强附会，否则适得其反。比如一场题为"理解万岁"的演讲，如果说 100 个故事和事例都讲，那就未必有"理解"的效应，而一位老师最后精选了三个事例说明问题，从而获得良好的效果。

另一方面，引用的事例必须具有代表性、时代性，偶发的事例不能作为本质认识的依据。为此，选例的典型性就在于"精"、"实"、"新"，同时，所选之例应能感动人、吸引人、折服人。

（七）演讲神形的情感性

演讲贵在打动人心，而要打动人心离不开演讲者的情感注入，即演讲者的感情流露和情绪表现。无论在演讲的起始、过程，还是推向高潮，乃至结束，演讲者的神形都应随着演讲情节的变化而变化，富有情感性。

例如，某教授在做"把生命掌握在自己手中"演讲时，表现出对有人自我践踏生命的痛惜、对掌握命运强者的赞颂，表现出的情感变化、神情动作令人叫绝，自觉不自觉地把听众带入情感世界，从而让人去体验百态人生、去领悟生命把握之要领。

可以说，成功演讲者都是情感丰富者。这种情感发自演讲者的内心，表现出爱憎分明、喜怒分辨、苦乐分界。没有演讲者的情感投入，就不会有听众的情感付出。没有演讲者的情感变化，也就难以激起听众的层层情感波澜。

（八）演讲结局的激励性

如果说，演讲目的企盼的是希望听众去追求真理，那么，演讲的最后结局与归宿就是实现这种期望。演讲无论其过程是给人兴奋，还是让人沉思，最终都必须给人以激励、给人以启迪。激励性正是演讲的效益所在。通过演讲实现激发人的正确动机，引发人的良性行为，这是所有成功演讲最根本的目的。

演讲者通过自身的优良品德、完美人格让听众产生可敬、可爱之感，令其学习、效仿产生激励，通过演讲中表现出的高亢激情、纯真热情、乐观心境等情感活动满足或符合听众需求，使听众产生积极的态度和肯定的情感；以演讲者活跃的思维、焕发的精神、倍增的干劲催人上进；也可通过演讲中对听众的特殊评价、信任、鞭策等予以激励！

某教授在首都师范大学做的"创业万岁"演讲给了听众以极大的激励

与启迪，大部分人听了他的演讲后有收获、有启迪。有的听众说："他的演讲不单是激动三分钟，甚至可以启迪我一生，从他朴实的话语中，我听到了一颗火热的心在跳动，我为此而深深的感动，我想，如果将来我也是一县之长，我将效仿他为人民说话，为人民干事，即使当教师，我也将尽我的职责。当然，演讲给我启示的不止是这些，还有很多很多……"历史上凡是成功演讲无不是催人向前的进行曲！

上述演讲"八性"是成功演讲最主要的特征和艺术性所在。我们要实现成功演讲就要做到"八性"，我们要逼近成功演讲，就是尽力减少与"八性"之间的差距。同时，演讲"八性"又是成功演讲的评价指标体系，在这个体系中涉及了演讲的参与要素即演讲者（形象、思维）——→内容（观点、选例）——→手段（语言、情感）——→听众（目的、结果），涵盖了演讲的全过程，即目的——→演化——→结局。这"八性"既相互独立又紧密联系，从而构筑成成功演讲的艺术真谛。

第三节　演讲的分类

世界上没有两盘完全相同的棋局，没有两堂完全相同的课程，演讲的方式也是五花八门。演讲属于艺术范畴，同许多具有非定义性概念的事物一样，其分类标准也难以统一。在演讲界迄今尚未找到一种较为公认的模式，而且从发展的眼光看，也没有这种必要。

若以演讲的风格进行分类，大致可分为激情式、喜剧式、陈述式等多种形式。为达到某种政治目的而进行的演讲往往充满激情，富有挑动性；而以诚感人的陈述式演讲在赈灾演讲中或许更能打动听众的心。

若按演讲场所进行分类，则存在街头演讲、集会演讲、课堂演讲、会场演讲、法庭演讲、巡回演讲、广播演讲、电视演讲等多种情况。街头演讲必须抓住焦点问题来吸引听众，注重"煽动性"；而法庭演讲则要求证据确凿、层次分明、逻辑严密。

为了便于我们较好地把握各种类型演讲的特点，分门别类地加以研究和学习，演讲依据不同的标准可分为不同种类，我们下面分别进行介绍。

一、从内容上分类

按演讲内容进行分类是一种比较实用的分类方法，其意义在于演讲时可较好地做到形式和内容的协调、统一。一般可将其分为政治演讲、生活演讲、竞选演讲、学术演讲、礼仪演讲、管理演讲、经济演讲、法律演讲、宗教演讲等多种形式。

（一）政治演讲

政治演讲是指为了一定的政治目的，出于某种政治动机，就某个政治问题以及与政治有关问题而发表的演讲，如外交演讲、军事演讲、政府工作报告、政治宣传演讲等。政治演讲是一种高度严肃的演讲，它要求演讲者具备一定的政治见解，有一定的政治远见和政策水平，并有高度的社会责任感。演讲者对所述的观点应深思熟虑，用严密而深刻的论证，增强自己演讲的可靠性和鼓动性。如闻一多的《最后一次演讲》。

我们下面来看一下丘吉尔出任英国首相发表的首次施政演讲，其鲜明的政治倾向、富于鼓动性的演讲风格，堪称政治类演讲的经典之作。

……我要向下院说："我没有什么可以奉献的，有的只是热血、辛劳、眼泪和汗水。"

摆在我们面前的，是一场极为痛苦的、严峻的考验。在我们面前，有许多许多漫长的斗争和苦难的岁月。你们问："我们的政策是什么？"我要说："我们的政策就是要用我们全部的能力、用上帝所给予我们的全部的力量，在海上、陆地和空中进行战争，同一个在人类黑暗悲惨的罪恶史上所从未有过的穷凶极恶的暴政进行战争。这就是我们的政策。"你们问："我们的目标是什么？"我可以用一个词来回答："胜利——不惜一切代价，去赢得胜利；无论多么可怕，也要赢得胜利。"……此时此刻，我觉得我有权利要求大家支持，我要说："来吧，让我们同心协力一道前进！"

（二）生活演讲

生活演讲是指就社会生活中存在的社会问题、社会现象、社会风俗等而发表的演讲。生活演讲的特点是题材广泛，形式多样，时代感强。它可以讴歌生活中的真善美，也可以鞭挞生活中的假恶丑；既可以采用命题方式演讲，也可以用即兴或论辩的形式。生活是一个色彩斑斓的万花筒，应该从中提炼有价值的演讲主题，找到新颖典型的材料。

（三）竞选演讲

竞选演讲是指在一定的组织形式中，凭口才自荐，竞争某一职务或某项工作的一种演讲。竞选演讲要求演讲者具备良好的心理素质和较高的言

优秀教师的演讲口才

语表达水平，还应当事先对可能提出的问题做好充分的准备，避免太多的随意性。

竞选演讲实际上是一种自我推销。用据理力争的方式，巧妙地说明"他不行，我行"，或者"他行，我更行"；用展望未来的理想构图诱导选民："投我一票吧，我将会使你们得到满足！"如美国的布什在竞选总统的演讲时曾说："一位总统可以造就一个时代，一位成功的总统则可以赋予时代以新意……如果我当上总统，我就向美国人民宣布：新的微风吹来了，新的篇章从今天开始了！"当然，竞选演讲中的自我推销要有艺术性，切忌为了竞争而贬低对手。所要遵循的原则是：唯真唯实、感人肺腑、具体可信、动情人心。

（四）学术演讲

学术演讲就是运用演讲的形式把专门的、有系统的学术观点表达出来。学术演讲的运用范围比较广泛，包括学术会议上的发言、学位论文答辩、高等学校中的学术讲座、各种治学或创作的经验报告、学术报告、学术发言、学术评论等。学术演讲必须具有内容的科学性、论证的严密性和语言的准确性三大要素。这是与其他类型演讲的一大区别。

（五）法庭演讲

法庭演讲是指公诉人、辩护人、诉讼代理人在法庭上发表的演讲。它起源于古希腊。法庭演讲的特点是：第一，公正性。在法律面前人人平等。在法庭上，无论是公诉还是辩护都要遵循公正的原则。第二，针对性。无论是公诉人还是辩护人，都是针对具体的犯罪事实的，所以说法庭演讲有极强的针对性。第三，准确性。法庭辩护要求以事实为依据，以法律为准绳。

（六）经济演讲

经济类演讲一定要以诚信为本，否则，即使你吹得天花乱坠，其结果仍然是一无所获。但诚信并不意味着低三下四，必要的自信蕴含于不卑不亢的演讲之中，刚柔相济才能博得最终的认同。原香港招商局的袁庚先生率团访问某国的答谢演讲中曾有过这样一段精彩之作，使颇带几分偏见的

某财团改变了主意，主动与之洽谈。他说：

中国是一个文明古国，我们的祖国早在1000多年前，就将四大发明——指南针、造纸术、印刷术、火药的生产技术，无条件地贡献给了人类，而他们的后代子孙从未埋怨过他们不要专利是愚蠢的；相反，却盛赞祖先为推进世界科学的进步作出了杰出的贡献。现在中国与各国的经济合作中并不要求各国无条件让出专利，只要价格合理，我们一个钱不少给。

（七）宗教演讲

指的是一切与宗教仪式、宗教宣传有关的演讲。它主要包括布道演讲和一些宗教会议演讲。

二、从表达形式上分类

从表达形式上划分，可分为五种类型。

（一）命题演讲

命题演讲就是由别人拟定题目或演讲范围，并经过准备以后所做的演讲。命题演讲包含两种形式：一是全命题演讲，一是半命题演讲。全命题演讲一般是由演讲的组织者确定一个固定的演讲题目。如某单位搞"让雷锋精神在岗位上闪光"主题演讲，为了让演讲员各有侧重，分别拟了《把爱送到每个顾客的心坎上》、《练好本领，为民服务》、《从一点一滴做起》三个题目，给了三个演讲者，要求以此组织材料，准备演讲。半命题演讲是演讲者根据演讲活动限定的演讲范围，自己拟定具体题目而进行的演讲。

（二）即兴演讲

即兴演讲是指演讲者在事先无准备的情况下，就眼前的场面、情境、事物、人物有感而发，临时兴起发表的演讲。即兴演讲的特点是：第一，有感而发。即兴演讲往往是因受眼前的某种"由头"触动而发表的，它要求演讲者善于捕捉，巧于生发。这种演讲最能体现演讲者的水平、能力和个性、修养。第二，时境感强。即兴演讲要求"到什么山唱什么歌，见什么人说什么话"，所以演讲内容一定要与当时的话题和环境紧密相关。第三，言简意赅。即兴演讲事先多无准备，最多也就打打腹稿，所以即兴演讲不适宜长篇论说，应该言简意赅。

（三）论辩演讲

这种演讲是指由两方或两方以上的人们，就某一问题上相互矛盾和冲突的观点而展开的面对面的言语交锋。论辩演讲的目的在于坚持真理，批驳谬误，明辨是非，如法庭论辩、外交论辩、日常生活论辩、赛场论辩等。论辩演讲的特征是：第一，针锋相对。演讲要针对对方的观点进行有力批驳，从而维护和证明自己观点的正确性。第二，反应及时。论辩是在有限的时间内进行的，论辩时必须及时做出反应，如果反应迟钝，就会失去机会，使自己处于劣势。第三，应对巧妙。论辩演讲要有随机应变的对策，要选取比较新颖的角度进行巧妙的答辩。第四，语言简洁。一针见血、一语中的是论辩演讲制胜的法宝。

（四）单人演讲

演讲者为一人的演讲。

（五）多人演讲

演讲者为2人以上的演讲。

三、按语言风格来分类

从语言风格上划分，演讲可分为四种。

（一）激昂型演讲

这种演讲的特点是节奏快，起伏较大，音量对比强烈，语言铿锵有力，它易于激发听众的情感，有很强的感染力和鼓动性。它适合于号召性和鼓动性的政治演讲，如战争动员等。

（二）深沉性演讲

其特点是节奏慢，感情变化不大，音量对比较弱，音调平缓柔和，语

句深沉而又发人深思。它适合于抒发深沉而又细腻的思想感情，如凭吊演讲等。

（三）严谨性演讲

严谨性演讲表现为情绪稳定，语言严谨，逻辑性强。比较适合于传播知识、启迪思维的演讲，如学术演讲，论文答辩等。

（四）活泼型演讲

活泼型演讲节奏明快，语言生动形象，诙谐幽默，材料新颖独特，给人以亲切欢快、耳目一新的感觉，吸引力较强。适合于交际演讲和针对青年的演讲。这种演讲的发展趋势较快，越来越被人们特别是青年朋友所喜欢。

四、从功能上分类

从功能上划分，演讲可分为五种。

（一）"使人知"的演讲

这是一种以传达信息、阐明事理为主要功能的演讲。它的目的在于使人知道、明白。如美学家朱光潜的演讲《谈作文》，讲了作文前的准备、文章体裁、构思、选材等，使听众明白了作文的基本知识。它的特点是知识性强，语言准确。

（二）"使人信"的演讲

这种演讲的主要目的是使人信赖、相信。它从"使人知"演讲发展而来。如恽代英的演讲《怎样才是好人》，不仅告知人们哪些人不是好人，也提出了三条衡量好人的标准，通过一系列的道理论述，改变了人们以往的旧观念。它的特点是观点独到、正确，论据翔实、确凿，论证合理、严密。

（三）"使人激"的演讲

这种演讲意在使听众激动起来，在思想感情上与你产生共鸣，从而欢

优秀教师的演讲口才

呼、雀跃。如美国黑人运动领袖马丁·路德·金的《在林肯纪念堂前的演讲》，用他的几个"梦想"激发广大的黑人听众的自尊感、自强感，激励他们为"生而平等"而奋斗。

（四）"使人动"的演讲

这比"使人激"演讲进了一步，它可使听众产生一种欲与演讲者一起行动的想法。法国前总统戴高乐在二战期间的英国伦敦作的演讲《告法国人民书》，号召法国人民行动起来，投身反法西斯的行列。它的特点是鼓动性强，多以号召、呼吁式的语言结尾。

（五）"使人乐"的演讲

这是一种以活跃气氛、调节情绪，使人快乐为主要功能的演讲，多以幽默、笑话或调侃为材料，一般常出现在喜庆的场合。这种演讲的事例很多，人们大都能听到。它的特点是材料幽默，语言诙谐。

另外，从风格上分为激昂型演讲、深沉型演讲、严谨型演讲、活泼型演讲等；从目的上分为说服型演讲、鼓动型演讲、传授型演讲、娱乐型演讲等；从场所上分为街头演讲、战地演讲、集会演讲、课堂演讲、法庭演讲、电视演讲等。总之，依据不同的标准，站在不同的角度，可以把演讲分为不同的类别。

由于演讲的内容、形式、功能复杂多样，我们以上对演讲的分类不可能做到绝对的划一和标准。这里介绍的几种基本类型，谨供各位教师参考。

第二章 教师与演讲

第三章
演讲稿的写作

　　演讲稿也叫演说辞、演讲词，是在较为隆重的仪式上和某些公众场所发表的讲话文稿。演讲稿是进行演讲的依据，是对演讲内容和形式的规范和提示，它体现着演讲的目的和手段、演讲的内容和形式。

　　演讲稿是人们在工作和社会生活中经常使用的一种文体。近年来，一些知名教授在大学毕业或开学典礼上的演讲稿颇受好评，广为流传，证明了演讲稿的价值。优秀教师掌握演讲稿的写作方法，才能有助于提高演讲口才水平。

第一节 演讲稿的作用

演讲稿可以用来交流思想、感情，表达主张、见解；也可以用来介绍自己的学习、工作情况和经验等等。演讲稿具有宣传、鼓动、教育和欣赏等作用，它可以把演讲者的观点、主张与思想感情传达给听众以及读者，使他们信服并在思想感情上产生共鸣。

一、为什么要写演讲稿？

演讲稿关系到"讲什么"和"怎么讲"的问题，其水平高低将直接影响到演讲的成败。可能有人不赞成写演讲稿，可能有人不屑于写演讲稿，也可能有人不认真写演讲稿。他们可能会说，写讲稿是没有真本事、迂腐、缺少才气的表现。这种认识，是不太正确的。

历数世界上那些著名的演讲家，甚至包括林肯、丘吉尔这样的演讲天才都非常重视撰写演讲稿，并且是认认真真地写演讲稿。写演讲稿并非表示他们的无能，反而显示他们的明智、踏实的工作精神和严谨的科学态度。

演讲稿是一种实用性很强的应用文，应当从演讲学和文章学两方面来规范这种文体的写作。这里要说明的是，并不是所有的演讲都必须准备讲稿的，因此也并不是所有的演讲都需要撰写演讲稿，像即兴演讲、即席演讲、街头演讲等等许多演讲就不需要撰写演讲稿，这些演讲大都是演讲者兴致所至造成的，有些也只是简单的打打腹稿。

然而，在现实生活中需要撰写演讲稿的演讲更是比比皆是，如会议演讲、

命题演讲、课堂演讲等等。或是演讲人为了追求一种效果，或是演讲会的召集者的要求，都需要演讲者事先作些准备。而这个准备的中心内容就是准备讲稿，而且演讲稿的好与坏直接关系到演讲的成与败，可以说演讲稿是关系到演讲成败的一个关键因素，因此演讲者一定要重视演讲稿的写作。

对于教师来说，如果把讲课当作演讲，那么教案则相当于演讲稿，或者演讲大纲。

教案不仅是写在备课本上用来实施课堂教学的文字，也是为课堂教学而进行的教学目标、课堂教学设计、教学方法的选择、课堂预设以及课后小结等等。教案应该写，而且应该详细写。而对于一些老教师来说，如果教学目的和重点难点都没有改变，则可以写简案，或者使用经过修改的老教案。总之，写教案是必须的。同理，除了即兴演讲以外，演讲也要写演讲稿。

二、准备演讲稿的好处

那么，具体来说，演讲前认真写演讲稿，有哪些好处呢？

（一）减少妄说，避免出丑

在演讲时当众出丑，是非常狼狈的事。不过，由于技巧原因而当众出丑的情况较多，但听众往往会宽容演讲者的技巧失误。而对那些"无知妄说"的演讲，演讲时的胡说八道却是不会原谅的，其原因除少数人是由于"无实事求是之心，有哗众取宠之意"外，多数人是由于没有经过深思熟虑，事前没有字斟句酌，本人对问题还处于模模糊糊、不甚了解的状态所造成的。"以其昏昏"焉能"使人昭昭"？再加上上台以后，过度紧张，血压增高，使头脑发热，故尔信口开河，胡说一气。

如果事先写了演讲稿，则不会犯这方面的错误。因为撰写讲稿，演讲者就会认真思考，进入分析、综合、归纳、推理状态。原本散乱、模糊、似是而非或似非而是的理解，就会眉目清楚，如同在一缸混混沌沌的水中加进了明矾，立刻会变得清澈见底。冷静思考，一般会出现两种情况：一种是觉得自己对问题还没有真切的见解，又不能马上解决，便明智地婉言谢绝演讲，从而避免当众出丑；一种是立即补充知识，抓紧时间学习，再上台演讲，就不会无知妄说，瞎扯一通。

（二）引发灵感，如有神助

撰写讲稿的过程，其实是一种反复思考、广征博引的过程。这时，你就会充分发挥自己的智慧，对往日所有的"库存"，包括已有的知识、学问、经验、理论进行搜索和全面整理，如同电子仪器所进行的全方位、多角度、多层次的"扫描"过程。也可用中国古代词人的几句话来描述形容这一过程，先是"独上高楼，望尽天涯路"（晏殊语），接着是"为伊消得人憔悴"（柳永语），最后是"众里寻他千百度"（辛弃疾语）。

这种反复思考、广征博引的结果是什么呢？就是"蓦然回首，那人却在灯火阑珊处"。一篇优美精彩的演讲稿便诞生了。正可谓"天机偶发，生意勃然，落笔成趣，如有神助"（高谦语）。自助者神必助之。认真准备演讲稿的过程正是一种积极地、全面地开发智力和潜能的过程。

（三）抛砖引玉，博采众长

要想获得演讲的成功，除了充分发挥自己的智力潜能外，还需要得到他人的指教和帮助。因为演讲要面对众多的听众，"众口难调"已是不容争辩的事实。你所作的演讲，从主题到语句，如果稍有疏忽，稍失分寸，就会得罪听众。

要想使之周密并有分寸，最好能预先向你的亲人、朋友、同事、领导、老师、学生征询意见，请他们指出谬误之处，以便改正。当然，并非是用众人的意见代替你自己的思索，"谋在于众，断在于独"，最后结论还得你自己做主，但众人的意见可以给你启发（包括正面的启发和反面的启发）。

（四）"有恃无恐"，百战不殆

演讲者临场失常，不能将水平正常发挥出来，往往是因为心情过于紧张。而造成紧张的原因之一，是自己心中没有把握。如果登场前手上已握着一份精妙的演讲稿，这份演讲稿即使让听众自己阅读，听众都能被感动，那么演讲至少就有了百分之六七十的把握，心情也就不会紧张，登台演讲就不会发挥失常。他心里会想："现在我用不着害怕，也用不着粉饰，

也用不着过多的表情、拿姿态、做手势，更用不着拿腔拿调，只要对着麦克风，一字一句把意思表达完整，就足以感动听众了，我还怕什么呢!"这就叫"有恃无恐"。

戏剧界有句行话叫做："剧本，剧本，一剧之本，它决定剧场演出一半的生命。"演讲也可以借鉴这个道理，其实演讲稿就是登台演讲的"剧本"，这个"剧本"的好坏，决定着演讲50%的成功。所以，有好的演讲稿在手，演讲者一般都能镇定自如，如同吃了定心丸。

三、演讲稿的主题

演讲稿的写作，需要注意很多方面的环节，其中最主要的就是主题。

主题，即中心思想、中心论点。它是演讲者通过全部演讲内容所要告诉听众的思想观点的核心，又是全部演讲稿组成成分的"统帅"，是写作的指导思想。所以，提笔写作演讲稿先要明确主题。确定主题应考虑以下几个方面：

第一，选择符合时代精神的主题。要符合时代精神，就是要具有现实意义，切中时代的脉搏，选择现实生活中人们急需回答和解决的问题发表自己的见解，激起听众的共鸣。

第二，选择有真知灼见的主题。一个演讲者，千万不要对一个自己不熟悉，甚至完全陌生的问题轻易地发表演讲。只有在丰富的社会实践基础上，得到深刻的体会，提炼出新颖独到的见解，才能产生振聋发聩的演讲效果。

第三，因人施讲，选择受听众欢迎的主题。演讲词是要讲给听众听的，在写作时，要了解自己的听众，掌握他们的思想水平、文化程度、职业状况乃至年龄、性别等等，根据听众的需要因人施讲，有的放矢，选择深受听众喜爱并乐于接受的主题。

四、演讲稿的标题

标题是演讲稿的重要组成部分。演讲的内容决定了标题，而标题则鲜明地显露出内容的特点，是对演讲内容的高度概括，与演讲的内容、风格、语调有直接关系。

（一）演讲稿标题的作用

①直接揭示主题。例如，孙中山的《中国决不会灭亡》、美国亨利的《不自由，毋宁死》等。

②提出问题发人深思。例如，蔡畅的《一个女人能干些什么》、英国罗素的《我为什么不是基督徒》等。

③形象地概括主题。例如，郭沫若的《科学的春天》、美国林肯的《裂开的房子》等。

④交代场合和背景。例如，廖仲恺的《史坚如烈士石像揭幕仪式演讲词》、恩格斯的《在马克思墓前的讲话》等。

⑤概括演讲的内容。例如，鲁迅先生的《对左翼作家联盟的意见》、前苏联莫洛托夫的《悼念高尔基》等。

（二）演讲稿标题的确定原则

①简短。即言简意赅，要用最少的文字表达出一个完整的意思。例如，这样的标题《从身边的共产党员的形象使我想到的》无疑就太长了，可以简化为《共产党员在我身边闪光》。

②准确。指标题要与内容和演讲主题紧密联系。如《国家兴亡，匹夫有责》、《反对党八股》等标题就十分准确。

③生动。指标题要有文采。如《我的理想我的梦》、《他把微笑留在人间》等。

④含蓄。指演讲标题应有诗意和哲理，耐人寻味。如《拥抱青春》、《理解万岁》等。

⑤顺口。演讲标题忌拗口，要读着上口、听着顺耳。如《我愿做绿叶》、《女人的风采》、《壮哉，军人》等。

确定标题还要避免几个方面的毛病：一是要避免太冗长；二是避免深奥怪僻、晦涩费解；三是避免太宽泛，不着边际；四是避免引起歧义。

第二节 演讲稿的选材与语言

可以说，主题和标题是演讲稿的骨架，而选材和语言则是构成演讲稿的具体材料。如何进行材料的收集和选用，如何把握演讲稿的语言，都是非常重要的。

一、演讲材料的收集和选用

材料，就是演讲者为阐述自己的观点、主张，即为了说明演讲主题所选取的论据及事实。一篇演讲稿，不论选择了什么题材，确定了什么主题，材料的充分可靠和典型程度，都是衡量其质量优劣的尺度之一。

收集材料主要有这样三个途径：

从现实生活中得到直接材料。演讲者在日常生活、工作、教学、学习等各种社会活动中亲身所见所闻、所思所感而得来的材料，叫直接材料，这是最重要的材料来源。社会实践是我们获取直接材料的源泉。演讲时选择的生活事例一定要切合话题，有一定的典型性，新鲜生动。在运用时，既不要把重大事件说得随随便便，也不要把琐碎的小事说得冠冕堂皇。

从书本或各种媒体中获得间接材料。演讲者从报刊、书籍、文献、广播、电视、互联网上所得到的材料叫做间接材料，也叫第二手材料。人的生命是有限的，不可能每一种知识都从亲身体验中得来，间接材料的收集是我们占有材料的重要手段。

分析研究选择材料。这是演讲者在获取大量直接材料和间接材料的基础上，经过归纳、分析、研究所得到的新材料，是一个演讲者智慧的成果。

　　演讲实质上是一种智力活动，谈论的话题、内容往往要涉及各种知识领域。一次成功的演讲，常常需要调动各种科学文化知识：政治、经济、人文、地理、文学艺术、科学技术，等等。那么，只有准备充足的有关知识材料或理论材料，才有可能将演讲推向深入，不然，就只能在门外徘徊，甚至失败。古代的天才演讲家苏秦，第一次游说诸侯，由于知识贫乏，遭受惨痛挫折。这可谓是前车之鉴。

　　如果说收集材料是"多多益善"的话，那么，选择材料则是"兵不在多而贵在精"。畅销书《内在》的作者约翰·甘德这样说："我总是搜集十倍于我要使用的材料，有时甚至达到百倍。"他说的正是准备演讲的方法。

　　有一回，他的行动尤其印证了他的话。1956 年，他准备着手写一连串有关精神病院的文章。为此，他前往各地的医院，与院长、护理者和病患者分别谈话。他沿着走道，从这栋建筑至那栋建筑，日复一日，走了数不清的路，而甘德先生也记了许多笔记。在他的办公室里，堆满了政府与各州的报告、私立医院的报告、委员会成叠的统计资料。这些密密麻麻的笔记本及他所依据的材料，足有 20 磅重。

　　最后，他写了四篇短文，简单而又有趣，是很好的讲演题材。写成文章的那几页纸张也许只重几盎司。

　　甘德先生知道自己挖掘的是价值连城的矿石，他知道不能忽视任何一部分。他是干这行的老手，他把心思全放在上面，然后把金块筛出来。

　　在我们所掌握的材料中，有的与主题有关，有的与主题无关；有的具有典型性，有的则并无太大价值；有的既可说明这个问题，又可说明那个问题。因此，在写作演讲稿时，要反复地对材料进行筛选、取舍。

　　一般来讲，选择材料有以下四条标准：

　　第一，选材要紧紧围绕主题。主题是选材的依据，选择材料必须紧紧围绕主题，否则，再生动的材料也不能用。在公元前 44 年，古罗马的布鲁图斯等人说恺撒大帝是暴君，有野心，恺撒的重臣安东尼为了驳斥他们的诡辩，在恺撒的葬礼上为恺撒作了辩护，在辩护词中，选择了这样三个材料：第一个，"他从前曾获胜边疆，所得的财帛都归入国库……"（这不是

第三章　演讲稿的写作

私心，而是公心。）第二个，"他听着穷人的呼唤，也曾经流下泪来。"（这不是暴君，应是富有同情心的好君主。）第三个，"那天过节的时候，你们眼睁睁地看着，我三次以皇冠劝他登基，他三次拒绝。"（这不是野心，而是虚心。）这些材料都是紧扣主题，直接支持和证明了自己的观点，从而产生了无可辩驳的说服力。

第二，选材要有针对性。一方面，在演讲前要了解演讲的地点、场合，听众的爱好、层次和特点等，然后在组织和选取材料时，"因地制宜，因人施讲"；另一方面，演讲者要根据自身的特点，选取那些自己熟悉的、适合自己身份的材料，这样才能将主题表达得充分而深刻，在演讲的时候才能胸有成竹，具有说服力。

第三，材料的内容要真实、准确。演讲是一个"真实的社会活动过程"，所以材料必须真实、准确、绝对可靠。一旦失实，哪怕只是一点微小的细节有出入，经不起验证，听众就会产生怀疑，就会减弱甚至完全失去演讲的说服力和感染力。因此，演讲者要尽可能多地使用直接材料，对间接材料要善于鉴别，科学地、批判地使用。

第四，广收博取，以量显质。一方面，对事实的列举必须有足够的量，创造出言以足志的效果；另一方面，对每一类型的材料，都要有概括句统领，做到有纲有目，不能散乱无序。

二、演讲稿的语言

演讲语言是一种高级、完善而富有审美价值的口语，在写作演讲稿时虽然是用书面语言写作，但一定要考虑到它是为了演讲者口语表达使用的，除了具有一般的书面语言和口语表达的特点外，还具有自己独特的规律。

（一）演讲语言要准确简洁

演讲虽然是一种口语表达形式，但它绝对不是日常生活中的口语对话，它要求使用规范化的、准确而简洁的语言。准确，就是要具有科学性。演讲语言一定要确切、清晰地表达所要讲述的事实和思想，揭示事物的本质和联系。

这就要求我们写作演讲稿时要字斟句酌地推敲，准确地使用概念、科学地进行判断、合乎逻辑地展开推理，消除概念模糊、模棱两可、自相矛盾等弊端。简洁就是用较少的词句，传递尽可能多的信息。简洁不只是口语表达的一个基本要求，还是一种表达风格和技巧。

古人曰："事以简为上，言以简为当。"语言大师们则认为"简洁是天才的姐妹，是智慧的灵魂"。可见，口语表达的简洁是一个很高的标准。简洁表达的突出特点是：表达的内容简短明了，集中概括；表达的线条清晰，主干突出；表达的句式结构简约，短句多，节奏性强。

简洁语言的表达要求是：一要去掉毫无意义的口头语和多余的感叹词之类，把信息价值不大的话减低到最低限度。二是要坚持以少胜多的原则，字斟句酌精心辨别用词，选择最能准确反映事物本质、表达思想感情的语汇，能用一个词说清楚，就绝不用两个。三要坚持说短话。说话要抓住中心，紧扣话题，避免枝蔓太多，主干不清，不说空话，避免不必要的重复。四要养成缜密思索的习惯。表达简洁与思维精密是一致的。说话不精是思维不够缜密所致。语言精练是思维严密概括力强的表现。

历史上，不少演讲大师都以语言简洁、明晰、精练驰名，为后世留下了许多珍贵的名篇。例如，1969 年 6 月 21 日，尼克松在"阿婆罗 11 号"宇航员登陆月球时的电视讲话："因为你们的成就，使天空也变成人类世界的一部分。而且当你们从宁静海对我们说话时，我们感到要加倍努力，使地球上也获得和平和宁静。在这个人类历史上最珍贵的一刻，全世界的人都已融合为一体，他们对你们的成就感到骄傲，他们也与我们共同祈祷，祈祷你们安返地球。"这篇演讲词的最大特点是言简意赅。在仅有 113 个字（译文）的篇幅里，演讲者既炫耀了美国无与伦比的科技实力，更讲透了这个前无古人的历史事件的伟大意义和深远影响。

（二）演讲语言要通俗平易

演讲既然是一种口语表达形式，那么，它一定是人们日常生活中普遍使用的、通俗而平易的语言。通俗平易包括两方面的意义：一是用语通俗，一听就懂；二是意义通俗，深入浅出。要想通俗地表达你的思想应多用规范性的词语，尽量少用对方不熟悉的文言、方言和生僻词语；多用群众性语言，如谚语、俗语、成语等群众口头常用的大众化语言。因此写作演讲稿不同于一般的书面文章，而要使用口语化、个性化、规范化的语言。

（三）演讲语言要形象生动

形象生动的语言可以把抽象的、深奥的理论具象化、浅显化，变得绘声绘色，使听众容易接受并得到启示；形象生动的语言可以给听众逼真的印象，从而感染和打动听众；形象生动的语言可以直接作用于听众的视觉、听觉，可以代替颜色、声音、形状和气味而作用于听众的第一信号系统。使用形象生动的语言，能使演讲产生强大的说服力；能准确形象地阐述真理，栩栩如生地描述事物；能激发起听众投身实践的热情。

怎样使演讲语言显得形象生动呢？需从以下几方面入手：第一，使用形象化的语言。第二，使用幽默诙谐的语言。第三，善用语言的修辞手段。如比喻、排比、设问和反问、反语、引用、感叹等等。第四，使用多变的句式。例如长句与短句、口语句与文言句、整句和散句等配合使用。

总之，演讲稿的写作过程，就是调动一切有用的材料，利用一定的语言形式把主题思想表达出来的过程。演讲稿水平的高低，直接影响到演讲的成功与失败，所以一定要认真对待，精益求精，切不可敷衍了事，仓促应付。

第三节　演讲稿的结构与提纲

演讲稿的结构与一般文章的结构原则大致一样，分开头、主体、结尾三个部分；这三个部分要各司其职，分别完成自己的任务。为了保证演讲稿的结构合理，通常可以先拟定演讲的提纲。

一、开头要抓住听众，引人入胜

演讲的开头是关键。在演讲开始后的几分钟或者几秒钟内，听众通常会决定是否接受演讲，是否听下去。从某种角度讲，演讲的开头跟课堂教学的开头是一样的。不同的是，课堂上的听众——学生，没有选择性，即使感觉不好，他们只能听下去。演讲，一般来说，听众不喜欢，就可以不听。

演讲稿的开头，也叫开场白，在演讲稿的结构中处于显要的地位，具有特殊的作用。

好的演讲稿，一开头就应该用最简洁的语言、最经济的时间，把听众的注意力和兴奋点吸引过来，这样，才能达到出奇制胜的效果。演讲稿的开头有多种方法，通常用的主要有：开门见山，提示主题；介绍情况，说明根由；提出问题，引起关注。除此还有释题式、悬念式、警策式、幽默式、双关式、抒情式等。

（一）开门见山，揭示主题

一般政治性的或者学术性的演讲稿都是开门见山，直接揭示演讲的中心。比如宋庆龄《在接受加拿大维多利亚大学荣誉法学博士学位仪式上的

讲话》的开头：

我为接受加拿大维多利亚大学荣誉法学博士学位感到荣幸。

运用这种方法，必须先明确把握演讲的中心，把要向听众揭示的论点摆出来，使听众一听就知道讲的中心是什么，注意力马上集中起来。但这种方法容易显得过于平淡、冷静，很难吸引人。

（二）说明情况，介绍背景。

比如恩格斯《在马克思墓前的讲话》的开头：

3月14日两点三刻，当代最伟大的思想家停止了思想。……但已经是永远地睡着了。

这个开头对事情发生的时间、地点、人物作出了必要的说明，为进一步向听众揭示论题做准备。运用这种方法开头，一定要从演讲的中心论点出发，不能信口开河，离题万里，更要防止套话、空话，败坏听者的胃口。

（三）提出问题，引起关注。

写演讲稿的开头，可根据听众的特点和演讲的内容，提出一些激发听众思考的问题，以引起听众的兴趣。这种问题应该新颖、独特，确实能促使听众去思考。

二、主体要环环相扣，层层深入

演讲稿在开头后要迅速转入主体。主体是演讲的正文和核心部分，也是演讲稿的高潮所在，能否写好，直接关系到演讲的质量和效果。在行文的过程中，要处理好结构层次、节奏和衔接等几个问题。

层次是演讲稿思想内容的表现次序，它体现着演讲者思路展开的步骤，也反映了演讲者对客观事物的认识过程。根据听众以听觉把握层次的特点，显示演讲稿结构层次的基本方法就是在演讲中树立明显的有声语言标志，以此适时诉诸于听众的听觉，从而获得层次清晰的效果。演讲者在演讲中反复设问，并根据设问来阐述自己的观点，就能在结构上环环相扣，层层深入。此外，演讲稿用过渡句，或用"首先"、"其次"、"然后"等语词来区别层次，也是使层次清晰的有效方法。

节奏是指演讲内容在结构安排上表现出的张弛起伏。演讲稿结构的节奏，主要是通过演讲内容的变换来实现的。演讲内容的变换，是在一个主题思想所统领的内容中，适当地插入幽默、诗文、轶事等内容，以便听众的注意力既保持高度集中而又不因为高度集中而产生兴奋性抑制。演讲稿结构的节奏既要鲜明，又要适度。平铺直叙，呆板沉滞，固然会使听众紧张疲劳，而内容变换过于频繁，也会造成听众注意力涣散。所以，插入的内容应该为实现演讲意图服务，而节奏的频率也应该根据听众的心理特征来确定。

衔接是指把演讲中的各个内容层次联结起来，使之具有浑然一体的整体感。由于演讲的节奏需要适时地变换演讲内容，因而也就容易使演讲稿的结构显得零散。衔接是对结构松紧、疏密的一种弥补，它使各个内容层次的变换更为巧妙和自然，使演讲稿富于整体感，有助于演讲主题的深入人心。演讲稿结构衔接的方法主要是运用同两段内容、两个层次有联系的过渡段或过渡句。

三、结尾要简洁有力，余音绕梁

结尾是演讲内容的自然收束，是演讲稿的有机组成部分。结尾给听众的印象，往往将代表整个演讲给听众的印象。言简意赅、余音绕梁的结尾能够使听众精神振奋，并促使听众不断地思考和回味；而松散疲沓、枯燥无味的结尾则只能使听众感到厌倦，并随着事过境迁而被遗忘。

怎样才能给听众留下深刻的印象呢？美国作家约翰·沃尔夫说："演讲最好在听众兴趣到高潮时果断收束，未尽时戛然而止。"这是演讲稿结尾最为有效的方法。在演讲处于高潮的时候，听众大脑皮层高度兴奋，注意力和情绪都由此而达到最佳状态，如果在这种状态中突然收束演讲，那么保留在听众大脑中的最后印象就特别深刻。

演讲稿的结尾没有固定的格式，或对演讲全文要点进行简明扼要的小

结，或以号召性、鼓动性的话收尾，或以诗文名言以及幽默俏皮的话结尾，但一般原则是要给听众留下深刻的印象。

写结尾时常犯的毛病就是要么草草收兵，要么画蛇添足，要么就是套用陈词滥调，更有些人在本来已经讲完后，又唠叨几句"我讲得不好，请大家批评指正"之类的话，这势必让人反感。演讲稿的结尾没有固定的格式，或对整个演讲全文要点进行简单小结，或以号召性、鼓动性的话收尾，或以诗文名言以及幽默俏皮的话结尾，但一般原则是要给听众留下深刻的印象。

四、演讲提纲

为了理清演讲稿的结构，撰写讲稿之前应先拟出演讲提纲。

演讲提纲大致分如下五个部分：

①标题。

②内容提要。

③开场白。

③段落提要。

⑤几句精彩的结束语。

试看一篇学术演讲的提纲：

末世的荒唐与反思

——论晚明时期才子佳人小说

[内容提要]

晚明是这样一个腐败的社会：皇帝以及它所代表的皇权，像一个晚期癌症病人，一切人对它不抱希望。生活在那个社会的人们都有一种末日将临的预感。因而他们谁也不再把大明政权的存亡当回事。贪婪邪恶的权臣，以权谋私，中饱私囊，甚至用流氓和强盗的手段明火执仗，巧取豪夺，全不把真理道义、廉耻、法律及国家利益放在眼里，他们的最大功德就是把大明江山的墙角掏空挖尽。浑浑噩噩的小官吏，仿效权门，鱼肉乡里，能捞就捞，能贪就贪，就像一群死囚面对最后一顿晚餐那样。清醒的知识分子，面对遍野哀鸿，满目疮痍，自知回天乏术，于是心灰意冷，退步抽身。他们视乌纱如"脑箍"，避之如瘟神。他们对皇帝不再进谏，对权责不再抗争，对国人不再呐喊。他们沉湎于山水园林、诗酒佳人，以逃避现实。这样一来，朝廷虽然机构臃肿、叠床架屋，实际上却是无人可用，一片荒漠，国家机器再也不能正常运转。从维护封建统治出发，这种现象是可悲的；但是从促进社会历史发展进程出发，这种现象有它的进步意义。官僚集团的大部分成员的腐败所形成的空寂的荒漠，正是新生命萌发的沃土。晚明才子佳人小说，正是这一新旧转折时代的产物和见证。它的特征是充满诅咒、怀疑与反省。

[开场白]

各位先生：

我觉得我们的文学史研究有一种"跳山头"的现象，即大家都一窝蜂式的奔向几座"文学高峰"。高峰之间的大片"山谷"则理所当然地成了"被文学史遗忘的角落"。这显然造成了历史的断裂。

晚明才子佳人小说，正是被文学家忽略了的"山谷"。现在该是弥合历史断裂的时候了，该是进入这片"山谷"进行一番考察的时候了。

[段落提要]

[第一部分] 官场的荒诞。

衮衮诸公，各怀鬼胎，失却了对国家——朝廷的最起码忠诚和责任心，失却了参与国家政治活动的行为准则。在他们眼里，国事再大也是小事，自己的事再小也是大事。为了一己的私利，牺牲再多的国家民族利益也在所不惜。一切都丧失了理性和廉耻，一切都是荒唐的胡闹。一向秩序井然的官场，变成了一座不堪入目的疯人院。

[第二部分] 堕落的快乐。

跟土地对于农民的意义一样，对乌纱的眷恋，对功业的追逐，是维护统治集团稳定的最有力的支柱。只要这个社会在客观上还有一点生机，乌纱——功业，就绝不会失去对知识分子的吸引力。然而明末，出现了历史的反常，知识分子视乌纱为"脑箍"，躲避之如瘟神，浪迹江湖，潜身园林，吃喝玩乐，自暴自弃，在堕落中寻欢作乐。

[第三部分] 末世的悲哀。

在这个末日来临的时候，国家以及国家的象征——君主，是可怜而悲哀的。他像一个人老珠黄、光彩褪尽的老妓女，被它的臣民遗忘得一干二净。昔日脉脉含情、争相献媚的情侣，一个个掉头另觅新欢。

[第四部分] 末世的反省。

如果作家们只是一味沉溺于文人士大夫的诗酒之中，才子佳人的小说的价值将会降低一半。我们从中承受的将只有末世的悲哀，而感觉不到破晓的光明。事实上，作家们并没有辜负历史的期望。才子佳人的小说中，曾经一直被封建正统文学当作国家栋梁来赞美的文人士大夫，受到前所未有的冷峻的批判。才子佳人小说，是文人独立创作的作品。如此冷峻地批判自己的同类，如此清醒地认识本阶级的堕落和没落，作者需要承受沉重的悲哀与痛苦！

然而，这正是一般知识分子自省的浪潮，一股在涅槃中求再生的浪潮。

[第五部分] 涅槃与再生。

千年的治国老路受到怀疑，不愿再走下去了，再也走不下去了。曾经一直是理所当然的价值观念，受到全面的怀疑和否定。在这种意义上，明末是中国历史上一个极其重大的转折时期，其重要性，仅次于法兰西民族解放运动。

[结束语]

先生们，我以为明末的才干佳人小说不应该被文学家所忽略，正像明末的历史不应被历史学家忽视一样。

当然，提纲不一定需要面面俱到。再看一篇竞聘演讲的提纲：

教务科长竞选演讲提纲

各位评委、各位老师：

很荣幸能参加今天的竞选演讲！我叫×××，今年×岁，党员，××大学毕业，专业硕士研究生。曾任政教科、教务科副科长。我竞争的岗位是：××学院教务科长。现就我的任职优势、工作思路以及履行岗位职责等方面作以下阐述。

一、任职优势

一是专业优势。在大学我学的就是教育管理，对学校的教育教学及教研管理工作都有着较系统的理论研究。学术研究方面，主编和参编的书、发表的学术论文，曾获得……，主编的论著《××》得到教育部×××先生肯定，并亲自题写书名，被国家图书馆收藏。现正独立承担省十一五规划重点课题的研究工作，是国家十一五规划重点课题课题组核心成员；教学方面，曾获得……；培训工作方面，参与和筹划了……；在学科建设方面，主持了……。教育、教学、教研及其培训的理论素质与实践经验，为我全方位把握学校的教育教学管理工作奠定了坚实的基础。

二是经验优势。长期工作在教学第一线，干过多年的班主任……，在政策把握、信息引导、经验推广、协调服务和决策咨询等方面有一定的优势。工作以来由于成绩突出，多次获得校级先进工作者等称号，曾获得市教委直属系统先进工作者、市级三八红旗手等荣誉。

三是基层锻炼的优势。××年带着××××到××村，为村里引进了一百四十多万资金，建立了××工程，配套了村内的饮用水井，建成了两层教学楼。……通过基层艰苦的锻炼，加深了对农民困苦生活和农村孩子学习艰辛的了解，……

四是个性优势。我是一个工作有热情、有活力，干事很执著、很认

真，有良好的人际协调能力和亲和力，能吃苦，有韧性，有极强的责任心和事业心，心态又平和的一个女人。……

二、工作思路

我的基本工作思路是：一个战略，三个方面，六个要点。

一个战略是"教研带动"战略。以教学为依托，引导教师围绕教学、围绕专业、围绕中小学的教学实践搞教研，以教研促教学、促工作、促发展，带动和促进学校整体教学水平的提高。

工作从三个方面展开。

第一是抓好教师的教学工作，为学生的成才提供最佳支持；

第二是抓好学校的教研工作，为教师的成长提供最优平台；

第三是抓好学校承担的师资培训和干训工作，为我市基础教育师资整体水平和小学校长队伍整体实力的提高提供最大保障。

主要措施有以下六个要点：

一是突出重点，抓住核心。在此，教师"严谨治学，从严执教，教书育人"的良好教风与学生"知学、好学、乐学、会学"的良好学风建设是关键，以教师良好的教风导出学生良好的学风。

二是分类指导，分步实施。抓好青年教师的教学基本功、中年教师教学与教研的齐头并进、老年教师的传帮带等工作，使学院整体教学工作再上一个新台阶。

三是树立典型，带动全面。结合师院提出的"名师"工程，培养名师，树立名师，以"名师"效应，带来全员教师教学教研的积极性。

四是办出特色，促进发展。结合师院提出的文理并重、以文为本、"集文学、演讲、三笔字"为一体的办院特色，促进学生整体素质的提高。

五是深入改革，激发活力。结合当今中小学的新课改，立足师院晋升大专和我校升本的现状，进行课堂教学模式、教师教学水平评估机制等方面的改革，带动师院教学的整体改革。

六是引入竞争，提高效率。通过人事制度的改革，通过建立良好的激励机制和奖惩制度，引入竞争机制，促使师生在竞争中完善自己，形成教师人人争当"名师"，学生人人争当优生的蓬勃向上的局面。

三、履行岗位职责方面

我总的态度是：树立全局观念、领导意识和民主原则。把握好角色定位，处理好各种关系，认认真真地做人，踏踏实实地做事。

具体地讲，按照行政管理的分层原则，实行不同的工作方法。

第一个层次，对主管院长，当好助手。要勤于参谋，慎于决断；在院长的领导下完成分管工作；主动而不越位，贡献但不表现。

第二个层次，对其他副科长，当好"领头羊"的角色。勇于承担责任，好事要让，累活要抢，分工不分家，遇事多协商。

第三个层次，对分管的老师，既当指挥员，又当战斗员。用其工作，关其生活，解其困难，严以律己，宽以待人，团结一致，搞好工作。

站在这个竞选演讲台上，就面临着成功与失败。但是我坚信："天生我才必有用，关键在于能否找准自己的位置！"这次如果我能上岗，我将更加努力工作，不辜负大家对我的殷切希望。如果竞争不上，也请放心，我会重新给自己进行定位，一定会在新的岗位上加倍努力，使我的才干得到充分的展现，为我校做出应有的贡献。

谢谢大家！

演讲提纲如果写得好，准备足够充分，有时候不必写完整的演讲稿，拿着提纲上台即可，而且甚至有可能做出精彩的发挥，引起掌声一片！

第三章　演讲稿的写作

第四节　优秀演讲稿的标准

演讲有何目的？对这个问题存在不少模糊的认识。有人是为了显示"我多么有见解"，有人是为了炫耀"我多么有知识"，有人是为了表明"我多么会演讲"，甚至有人是为了展示"我多么有风度"……

千万不要这样！演讲的目的不是这些，而是影响他人，影响他人的思想、感情，进而影响他人的行动。优秀的演讲稿，应该符合下面的这些标准。

一、超越自我，说服听众

黑格尔说："演讲家说服我们相信某些观念，为了达到这个目的，就要设法影响人的全部，就要激发我们的情感和欲望，震撼我们的心灵。总之，通过心灵的一切方面来感动听众、说服听众。"

因此在写演讲稿时，首先就要问自己：我到底想干什么？我到底要别人改变什么？我到底想要听众相信什么？我到底想要听众去做些什么？总之，先要忘掉自我，进而超越自我，要明白，是在为听众写稿。

例如，林肯的《盖提斯堡演讲词》的目标是非常明确的。他并非向众多的听众显示他善于演讲，而是要人们相信他所执政的政府是神圣的，他的事业是伟大、崇高而富有正义的。他要人们坚定不移地赞成他的事业，拥护他的政府，坚定不移地跟他走，从而使他统治下的"民有、民治、民享的共和国"永世长存，并不断发展壮大。

撰写演讲稿的人，应该时刻想到如何影响听众，如何为某个崇高的目

优秀教师的演讲口才

标进行演讲，彻底摆脱狭隘的自我表现、自我陶醉、自我欣赏的不良动机，那么演讲的效果就会具有强烈的震撼力和感染力，达到超凡脱俗的效果。

二、倾向鲜明，感情强烈

既然演讲是为了影响听众而进行的，演讲者自身就必须有鲜明的态度，即赞成什么，反对什么，这些必须明确，不能含糊。同时在演讲中还要表现出强烈的感情，全身心地拥抱一切，因为"情不真，则无以惊心动魄"，"无以惊心动魄"就没有震撼力、感染力，也就不能影响听众，不能达到"怯者勇，淫者贞，薄者敦，顽钝者汗下"。

请再注意林肯的《盖提斯堡演讲词》。当时人们正普遍沉浸于对往事的回忆，赞颂烈士和自己卓著的功勋时，林肯则慧眼独具，独树一帜，提出了鲜明的主张：不要忘记了先辈们尚未完成的事业，不要忘记摆在我们面前的伟大任务，不要让烈士们的鲜血白流。林肯之所以能有这样高瞻远瞩的目光，与他是亲自指挥南北战争的统帅分不开的，与他对过去那场战争中勇敢的生者和死者怀有特别深厚的感情分不开的。因此他提出，只有继承先烈的遗志，完成先烈们未竟的事业，才是对先烈的最崇高的敬意和永远的纪念。所以公众普遍称赞林肯的演讲是"在适当的地点说了恰到好处的话，无论从哪方面看，它都完美无疵，它是一篇誉满全球的演讲词"。有人评价说，炽热深沉的真情是这篇演讲词动人的关键。

三、奋力一向，千里杀将

孙子兵法："奋力一向，千里杀将。"这是教导军事家要学会集中优势兵力。而演讲稿，也要遵循"奋力一向"的原则，集中全力解决一个主要问题。通常一篇演讲词只有一个中心。因为中心多了，就等于无中心，听众就很难把握演讲者到底在说些什么，到底要干什么，听完演讲后仍不知所云，这样的演讲也就没有多大意义。

第三章　演讲稿的写作

有的演讲者，学识丰富，满腹经纶，想要说的话非常多，但也应该一次选一个最得意的问题传达给听众，而另外的高见留待下一次讲，不会有人要求演讲者作知识学问的倾巢大展览。许多演讲者无视演讲这一规律，想充分展示自己的学识，并将多个中心，多种问题在一次演讲中提出来，弄得庞杂臃肿，漫无中心，使得听众听得云里雾里，大喝倒彩，结果以失败告终。

林肯的《盖提斯堡演讲词》，该演讲词文情专一，毫无枝蔓。他点明了美利坚合众国的信仰，阐明了南北战争的积极意义，讴歌了烈士们的献身精神，而这些统统是为了表现一个主题：让我们活着的人继续为这个自由平等的国家而战。这样，所有关于国家、内战，烈士，都是为了拨响"要继续战斗"这个主旋律，典型的"奋力一向，千里杀将"。

四、脱"俗"入"觉"，境界开阔

什么是境界？境界是事物所能达到的程度。思想所能达到的程度越高，境界越开阔。要想启迪别人，那么自己则必须具有开阔的思想境界，演讲者的立意必须高大得多。

在盖提斯堡公墓前，埃弗雷特作了近两个小时的演讲，但是没有留在人们的记忆之中，而林肯虽然只讲了两分多钟，但却名垂青史。埃弗雷特什么地方不如林肯？不是文采，不是语法，不是词汇，也不是演讲技巧，而是两人在立意、在思想境界的差距。埃弗雷特说的是美国有记载的历史以来，在国家的光荣史册上，没有哪一页比盖提斯堡战役更加辉煌灿烂。而林肯比埃弗雷特的主题思想高出许多，他不但要求人们记住这"最光辉灿烂的一页"，而且号召人民继续书写更加壮丽辉煌的诗篇，既要继承先烈的遗志，完成未竟的事业，又要让"民有、民治，民享"的美利坚合众国永世长存，并不断发展壮大。他同时指出，只有这样，烈士的鲜血才没有白流。这个主题是林肯不逐时好，不傍古人、独树一帜的精神境界的外在表现。这个主题的高度，恰恰是埃弗雷特没有达到的。事后，埃弗雷特强烈地意识到这一点，他在第二天写信给林肯说："我在两小时内所讲的东西如稍微触及你在两分钟内所讲的中心思想的话，那么我就感到十分欣慰了。"当埃弗雷特的长篇演讲被人们逐渐遗忘时，林肯的精悍深刻的演讲词却被人们用青铜浇铸出来，陈列在牛津大学图书馆里，永垂青史。由此可见，境界是演讲的真正生命。

五、开门见山，少说套话

有许多演讲者，爱用"在……之下"的套话开场，"在某某会议精神的鼓舞下"，"在上级领导的关怀下"，"在有关单位的支持下"，"在全体同志的鼓励下"……这实在是一种彼此雷同，泛滥成灾的套话。与其这样空泛地打"套路"，不如开门见山，直奔主题。《盖提斯堡演讲词》起句就是"87 年以前，我们的先辈们在这块大陆上创立了一个新的国家"。非常直率切题，这样不是很好吗？试想，如果林肯的演讲，仍然在开头来一番套话，还能有"短小精悍、完美无疵"的赞誉吗？它还能让众人铭记心中，成为英语讲稿的经典文献吗？

六、寓理于憎，情理并茂

"思风发于胸臆，言泉流于唇齿。"动人的演讲，需要情理交融。无情的说理，会显得教条与冷冰。如果"寓理于情，情理并茂"，将明白的道理、典型的事实、火热的情感有机地糅合在一起，让它们同时发挥作用，这样的演讲会具有旺盛的生命力和强烈的震撼力。例如林肯的演讲词，如果不是那样充满情感，当然也不可能流芳百世。

七、寓庄于谐，别开主面

在许多场合，演讲是庄重、严肃的。然而，庄重、严肃并不意味着排斥幽默和风趣。庄重严肃的演讲如能恰当地融入耐人寻味的幽默语言，风

趣语言乃至俗语，那么演讲会更有声有色，给众多的听众带来轻松活泼的气氛，使听众能在欢欣的笑声中聆听演讲，用轻松的心情去领悟到演讲的宗旨和哲理。"俗中见雅，大俗大雅，方为大家"是颇值得演讲者借鉴、学习的。

八、适时引用，画龙点睛

在演讲中，恰当使用现成名言、诗文、谚语、典故等，能起到画龙点睛的作用。当时任中国共产党总书记的胡耀邦在日本国会发表演讲时，引用了唐朝杰出的政治家、理论家陆贽的一段话："吝少失多，廉贾不处，溺近迷远，中人所非。"吝惜小利而丧失大利，聪明的经营家是不干的，只图眼前利益而无视长远利益，连普通人也懂得划不来。接着，胡耀邦又顺势切人正题："所以，重要的问题，在于合作双方都要站得更高一点，眼光更远一点。"

第四章
演讲准备与临场表现

　　凡事预则立，不预则废。就像上课之前需要备课一样，演讲之前，也要做好准备。

　　演讲不是一次随心所欲的交谈，而无论是命题演讲、即兴演讲、论辩演讲，都是一种比较正式的社会沟通活动，它要求演讲的内容要言之有物、言之有序、言之有情，要求演讲者面对几人、几十人、上百人或上千、上万人能侃侃而谈，能表情达意，而演讲的目的要能明是非，传信息，要能鼓舞人、教育人。因此，任何一位成功的演讲者都十分重视演讲前的准备工作，可以说演讲前准备得越充分，那么演讲获得成功的希望就越大，这是不言而喻的一个普通道理。

第一节 "功夫在诗外"

我们知道，要上好一堂课，所做的功夫绝不止于头一天晚上的备课。所谓"台上一分钟，台下十年功"。

宋朝大诗人陆游的儿子想学写诗，陆游给他写了一首诗，传授写诗经验。诗中有一句："汝果欲学诗，功夫在诗外。"陆游说，他初作诗时，只知道在辞藻、技巧、形式上下工夫，到中年才领悟到这种做法不对，诗应该注重内容、意境，应该反映人民的要求和喜怒哀乐。所谓"功夫在诗外"，就是要强调"躬行"，到生活中广泛涉猎，开阔眼界。

演讲，何尝不是如此？

有人认为："演讲学是各科学之结晶，文化发达后最高之艺术。"演讲，既是科学，又是艺术，是一种高级的说话。演讲者必须具备与演讲紧密相连、息息相关的科学和艺术知识，必须了解、熟悉即使表面上关系不大，但可以体现出一个人的素质与修养的科学和艺术。

一、演讲与心理学

心理学是研究人类精神现象的学问。演讲者若要让公众了解、信服自己的主张，就必须要先掌握公众的心理。而且，心理学也有助于演讲者认识自我、改造自我、加强自我，以便妥善处理自我与公众的精神关系。

其实许多演讲的原理和原则，都是依据了心理学而产生的，由此可见，心理学是演讲所必不可少的学问。

二、演讲与社会学

对于向社会公众发表意见的演讲，公众所密切关注的，大多数是政治事件和社会问题。因此演讲的事体，无不与社会、政治直接或间接相关。因此，演讲者应该熟悉国家、政治、社会等各方面的知识，并且要有超前的洞察力和预见性。否则，他的演讲便没有吸引力，更不能给人以启迪。

所以，政治、经济、法律、外交、公共关系等社会科学，都应视为演讲者的必修课。

三、演讲与哲学

哲学，被称为思想的归宿，原理的原理。一旦有了哲学根基，对人世百态、万事万物就能高屋建瓴、洞若观火；若无哲学根基，则容易目光短浅、见解偏颇，因而看不清事物的本质。所以判断一个演讲有无价值的标准，主要是视其思想有无价值。有哲学的根基，才会有成熟深刻的思想。有成熟深刻的思想，才会有宏伟灿烂的言辞。

由此可见，哲学之于演讲，就如灵魂之于肉体一样重要，若想成为演讲家，则必须先当思想家。

四、演讲与逻辑学

逻辑学，是研究思维与语言法则的科学。如果演讲者思维混乱、语言暧昧、论证错漏百出，即使他在演讲时口若悬河，声情并茂，听者仍不能准确地理解其意，甚至使他们对演讲本身产生怀疑和反感，那么这样的演讲又如何能使听者信服呢？

所以演讲也要求思维清晰，有条理，语言准确，合乎法度。

五、演讲与文学

文学与演讲关系极为密切。由于演讲与一般的唠家常、聊天根本不同，它是有目的、有准备、有组织、有条理的讲话。因此，无论是有经验或是无经验的演讲者，在登台前，都必须准备好演讲稿。演讲稿是演讲能否成功的前提，就如一出戏的剧本那样重要。没有好的剧本，就不会有好的演出。那么没有好的演讲稿，也就不会有好的演讲。或许炉火纯青、精于此道的演讲家并不需要把演讲词写成文字，只需打个腹稿即可出口成章。然而，腹稿也是"稿"，只不过以心代笔罢了。可见演讲就如同写文章，而凡是写文章都离不开文学知识，更离不开文学的立意、选材、谋篇布局、起承转合、语法修辞以及突出强调等技巧。好的演讲应显得完整、得体、和谐、井然有序、详略得当，并且能给听众以美的享受。而要做到这点，首先必须有"落笔成文"的本领。马克思、恩格斯、列宁、马克·吐温、林肯以及丘吉尔等善演讲者，几乎都擅长写文章，英国前首相丘吉尔还得过诺贝尔文学奖。毫无疑问，在人类历史上对文学一窍不通的人是绝对不会成为出色的演讲者的。

六、演讲与朗诵艺术

演讲并不是朗诵，因为如果演讲者用朗诵的腔调演讲，听者一定会感到很别扭。但是演讲者却仍然需要接受朗诵训练，并且必须具有一定的朗诵功底，这样才能保证吐字清晰，音色纯正，音域广阔，使成百上千的人都能听得清晰明了。并且，就是天生嗓音好的人也需要接受朗诵训练。因为，这些人在小范围内交谈或发言时，嗓音或许比较清脆，而一旦走上讲台对着成百上千的人演讲时，情况就会变得迥然不同了，即使想竭力放大音量，他的嗓音仍很可能由清脆变得嘶哑，由于口形不对头，本来口齿清楚的人也会出现"吞字"的现象。如果演讲者的吐字不清，那么音量再大，听众也只能听到一片模糊的嗡嗡声。没有经过训练的人，一旦激动或紧张，就会掌握不好语言节奏，本来说话有条不紊的人有时也会发出连珠炮、机关枪似的声响，使观众"耳"不暇接。而且，嗓子好并不能与语言表现力、感染力划等号。总之，嗓音天赋再好的人，若不经过一定的朗诵训练，那么他一上台演讲，其声音和情绪就会出现反常现象，从而导致演讲一败涂地。因此，朗诵艺术也是演讲者获得成功的重要因素。

七、演讲与表演艺术

演讲也不是演戏。如果一个人在演讲时带给听众的是演戏般的感觉，那么他就别想指望其演讲能获得大家的信任。但是演讲又需要懂得一定的表演艺术，否则你便不能从容自然、潇洒大方地走上讲台，即使走到台前，你也不知道怎样才能站得潇洒，站得端庄。也许你还会感到困惑，不知道手该往哪里放，眼该往哪里看，以及该怎样配合自己的声音做表情、打手势，甚至你的脸上还会不自觉地露出一些莫名其妙的表情。于是，不仅你的头、你的肩、你的手、你的腰，还有你的胯、你的腿、你的脚，总之，你的全身，就会出现一些习惯性的、多余的滑稽动作。或许，你以为只要尽力控制住自己，在台上不哭不笑，不走不动便不会出现问题了吧。其实不然，如果这样你只会变成一具会说话的木偶。而这样的演讲，也只能成为听众的笑料。因此，熟悉表演艺术是使演讲者能在台上轻松自然地演讲的必要前提。

众所周知，前苏联总书记戈尔巴乔夫与美国前总统里根演讲时都风度不凡，因为戈尔巴乔夫在大学读法律时，曾接受过严格的演讲训练，包括表演方面的训练；而里根则曾是好莱坞训练有素的正牌演员。

总之，教师必须从各种学科和艺术中吸取养料、动力、技巧，培养灵感，才能获得演讲的成功。

第四章 演讲准备与临场表现

第二节 演讲前准备

　　演讲是一种比较复杂的社会劳动实践，也是一种强烈的精神劳动的产物。因此，一次演讲不仅是对演讲者的思想、文化、知识、表达能力的考验，也是对演讲者心理和心理素质的严峻考验。只有做好演讲前的准备，才能保证演讲的顺利进行，具体来说，主要是做到演讲前的心理准备和预讲准备。

一、心理准备

　　良好的心理素质可以帮助演讲者获得演讲的成功，而心理素质差的演讲者也许没登场就败下阵来，因此培养演讲者良好的心理素质，是取得演讲成功的先决条件。那么演讲应具备哪些心理素质呢？

（一）求真的心理素质

　　无论何种演讲，也无论出于什么原因，对于一个演讲者来说，演讲的目的都应该是为了追求真理，探求真理，坚持真理和宣传真理。而也只有追求真理、弘扬真理的演讲才是具有生命力的演讲，才会是名垂青史的演讲。

　　恩格斯的《在马克思墓前的演讲》如此，林肯的《葛底斯堡演讲》如此，闻一多的《最后一次演讲》也是如此。如果没有他们对真理追求的内在思想品质、良好的心理素质，那么要想产生这些名垂青史的演讲传世之作是不可能的。因此，我们在演讲前必须要做好为追求真理而演讲的心理准备。不要去面对听众无病呻吟，也不要为了某种目的去哗众取宠，否则

优秀教师的演讲口才

你永远不会成为一个优秀的演讲家。

（二）创作上的心理素质

演讲创作中需要的心理素质，大体说来有两个方面，一是形象思维和逻辑思维，一是联想和想象。在演讲创作中逻辑思维占主导地位，演讲创作者要通过自己的创作说明问题，解决问题，最后昭示给人们的也是一个抽象的道理。

因此，演讲词在文体上更像是论说文或议论文。但形象思维在演讲创作中也起着逻辑思维不可替代的作用，如事例的陈述、形象的描绘等等，抽象的道理只有通过形象生动的陈述与描绘才更容易让听众接受，离开了形象思维同样完不成任务。而想象和联想可以让我们的演讲创作得到升华，让我们的演讲主题更深刻，思维材料更丰富，构思更灵活。

演讲创作一般围绕两条心理线索进行：一条是以认识论的方法，进行科学的探究，即提出问题、分析问题、解决问题；一条是以听众的接受能力、演讲的目的为线索，即演讲对象、演讲内容、演讲效果。这两条线索在我们进行演讲创作的时候都需要考虑，缺一不可，而且这两条线索是紧密结合，不可分割的。

（三）表达的心理素质

演讲是需要勇气的，这种勇气到了演讲的表达阶段显得更为突出。这时演讲者一般要做好下面几种心理准备。

一是要鼓起勇气克服怯场。怯场是人人都经历过的，许多著名的演讲家在初登台时也是心口发慌，两腿发抖。古罗马的雄辩家西塞罗曾在一次演讲后说："演讲一开始，我就感到自己面色苍白，四肢和整个心灵都在颤抖。"二战时的英国首相丘吉尔更是说，他开始演讲时心窝里似乎塞着厚达9寸的冰疙瘩。想想这些后来著名的演讲家，我们也一定会从不能到能。只要鼓起勇气，勇敢登台，相信你已向成功迈出了第一步，胜利已离你不远了。

二是要情绪饱满的登上讲台。饱满的情绪能吸引听众、感染听众、打动听众，因此我们在登台以前，一定要调整好自己的状态，给听众留下美好的第一印象，让听众对你的演讲充满欣喜。

三是要学会与听众沟通。演讲者在登上讲台之后，就要学会与听众交流，随时注意听众的反馈信息，并根据这些信息及时调整演讲内容，只有如此，你的演讲才是适时的、得体的，也才会是成功的。

演讲心理素质的形成是一个长期的过程，但在演讲前，有针对性、目的性地做一些准备工作也是必要的。每一个有志于演讲的教师不妨在心理素质的培养上多下点功夫，相信这些功夫不会白下的。即使演讲的机会不多，但用在课堂教学上，也会让你受益匪浅。

二、预讲准备

在课堂教学中，预讲是很重要的一个环节，教师在上课前一定要能够将教学流程熟记于心，做到胸有成竹。教师可以在家里对着镜子或者电脑讲，或者按照讲课的速度在脑海中过一遍，这样可以更加牢固地记住上课的内容，是快速脱离教案的最佳方式，同时也能发现自己潜意识中的措辞、语气上存在的问题，提前做好调整。当然，预讲有时候只是一个想象的过程，课堂的精彩不是因为预讲的精彩。

演讲，也需要预讲。如果你已经完成了演讲稿，现在就可以进行预讲了。依据一般经验，台上演讲一分钟需要你在台下付出一小时的练习时间，要训练自己适应在不同的环境和不同的时段练习演讲，同时运用不同的演示技巧。可以站在镜子前面练习，或者将演讲录入手机或电脑，再或者为一大群朋友或任何愿意花时间倾听的人演练一场。预讲可以减缓我们的紧张不安，提高演讲效果，帮助我们控制演讲时间，并能使内容能更加精炼。

古希腊演讲家德摩斯梯尼对预先演习非常重视。他把自己关在地下室书房长达三个月之久，学习演讲的技巧。为了表明自己不达目标誓不出门的决心，他把自己的头发剃光。等到头发重新长出来，德摩斯梯尼走出地下室，成为了一个造诣颇深的演讲家。

又比如，曾任微软全球副总裁、谷歌中国区总裁的李开复先生，他刚开始演讲的时候，就要求自己每个月作两次演讲，而且每次都要请一个朋友去旁听，之后给他提出意见。他对自己承诺，不事先排练三次，绝不上台演讲。

预讲可以从以下几个方面入手：

（一）大声地念出你的稿子

可以把你要演讲的东西事先录下来，这样便于调整、纠正一些问题，直至满意，再来做第二步。

（二）准备演讲大纲

即使你在准备演讲稿时已经解决了大量问题，你还是不能照本宣科！因为没有什么会比这样更快地让听众睡着了。你应该直接、自然地面对听众，保持与听众眼神的交流。秘诀是准备简单的演讲笔记，字体要醒目，以便在你演讲的过程中快读地扫视。在讲台上放一块手表，这样便于掌控时间，把握速度，调整内容，让你准时地结束演讲。

（三）录下你的"即兴"演讲

回放你的录音，找出重复使用的词，如"啊"或"呃"等。反复修改演讲内容，直到满意。

（四）掌握及控制好时间

在演练时必须计算出演讲所需要的时间，再看看它是否过长或过短。大部分演练的时间都比正式演讲时要慢，一般来说，演讲时间要比演练时间快25%～50%。

（五）找一个听众来练习演讲

询问一两个有见解的人，请他们提出建设性的批评，而不仅仅是表扬。他们明白你演讲的内容吗？你讲的内容有连贯性和逻辑性吗？他们认为你讲的速度是快还是慢？然后根据他们的意见来进一步修改演讲的内容。做上述准备你可能觉得很麻烦，是的，每个成功的演讲人都是这么走过来的。戴尔·卡耐基在总结成功的演讲经验时说过："一切成功的演讲，都是来自于充分的准备。"用我的话讲就是："没有准备，就是准备失败；什么是最好的准备？就是时刻准备着！"时刻注意收集素材，时刻在生活中练习，时刻准备发言。只有这样，才能确保演讲取得更好的效果。

第四章　演讲准备与临场表现

第三节 克服演讲紧张

对于教师来讲，登上讲台，应该是一件稀松平常的事情。然而，演讲毕竟跟讲课有所不同。人到了不同的环境，面对不同的观众，特别是未知的人群时，难免会紧张担心。那么，教师应该如何克服演讲紧张呢？

一、胆量是演讲者的必备素质

有人曾进行过这样一次有趣的测验，其题目是："你最害怕的是什么？"测验的结果竟然是"死亡"名列第二，而"当众演讲"却赫然名列榜首。在绝大多数人的心目中，当众演讲是件令人害怕的事。

一个人一旦产生"恐惧"心理，后果将是非常严重的，它完全可能使你能够办到的事成为"水中花"、"镜中月"。

有几位身材高大的北方人到南方去旅游观光。一日黄昏，他们到河边散步。突然，其中一位掉到在小河里，大声呼救，拼命挣扎。这人是个"旱鸭子"，一点不识水性。一位路人连鞋都顾不上脱，就跳下河去救他。奇怪的是，当他跳进河里时，才发现河水只有齐腰深，而那位北方人竟是趴在齐腰深的水中挣扎。自然，他很快被"救"了上来。事后，那位落水者说，他一个人走在后面，不小心将一只脚插进了河里，另一条腿就马上开始发抖，突然脚下一滑，整个人都掉进了河里。他感觉像掉进了"万丈深渊"，怎么用力也站不起来，于是便趴在水里拼命呼救。

水本来只有齐腰深，倘若落水者没有恐惧心理，那他完全可以独自安全地走上岸。但是恐惧心理产生了超常压力，从而抑制了身体机能的正常发挥，易如反掌的事竟变得比登天还难。当初出道的歌唱演员、乐器演奏员以及体操运动员上场时，他们的老师和教练总是反复嘱咐他们"放松，别紧张"。有经验的老师和教练懂得，紧张、恐惧是表演成功的最危险的敌人。

试问，谁天生又是演讲的天才呢？

失败者缺乏的主要是胆量和勇气。试想，平时坐在椅子上，人人都可以心平气静地思考，为什么一站在许多人面前就惊慌得不知所措呢？这就是恐惧在作怪。

美国总统罗斯福说过："每一个新手，常常有一种心慌病。心慌病并不是胆小，乃是一种过度的神经刺激。"可见，讲话时的恐惧心理是正常的。

这种"演讲恐惧症"主要表现是：面对听众时，神情紧张、心跳加剧，手足无措，四肢冰冷……这种种症状只有通过训练才能消除，从而产生新的勇气和自信。

一个人演讲成败的关键在于他是否具有说话的胆量。纵览古今，横观世界，我们不难发现，历史上的演讲家，有很多都是最初被认为说话笨拙的人，像林肯、田中角荣等世界著名演讲家的第一次演讲都是失败的。在如此的基础上何以获得了令人惊奇而注目的成功呢？除了艰苦勤奋、锲而不舍的努力练习之外，敢于面对现实，大胆面对挑战，就是他们成功的一条主要原因了。

演讲家狄里斯由失败走向成功的过程就可证明以上道理。公元482年，狄里斯出生于雅典，据说，他天生声音低沉，且呼吸短促、口齿不清，别人总是听不清他在说什么。当时，在狄里斯的祖国雅典，有很严重的政治纷争。因此，善言的人很受重视。尽管狄里斯是个知识非常渊博、思想十分深邃、很擅长分析事理、能预见时代潮流和历史发展趋势的人，但他认识到自己缺乏说话技巧，是容易被时代所淘汰的。于是他经过周密细致的思索，准备好了精彩的演讲内容，首次走上了演讲台。不幸的是，他遭到了可怕的失败。

失败的原因就在于他声音低沉和口齿不清，所有听者几乎无法听清楚

他的一言一语，也就无从被他的内容吸引。但是，狄里斯并不灰心，他比过去更努力地训练自己的说话胆量。他每天跑到海边，对着岩石呐喊向着浪花抒怀；回到家中，又对着镜子做发声练习，仔细观察嘴形，反复练习，坚持不辍。

如此努力了好几年，终于功夫不负有心人，当狄里斯再度登上演讲台时，所博得的热烈的喝彩与掌声给予了他充分的肯定和欣赏。狄里斯从此闻名于世，并被誉为"历史性的雄辩家"。

如果说狄里斯的事例还不够典型的话，那么长期任菲律宾外长的矮人罗慕洛的那次最经典的演讲则更能说明胆量的重要性。1945年，联合国创立会议在旧金山举行。罗慕洛作为一个当时还未独立的国家的代表团团长和一名个子十分矮小的人，一开始并未被重视。他应邀发表演讲时，站在差不多和他一样高的讲台前，但罗慕洛毫无怯意，显得镇定自若，等到大家安静下来，他鼓足勇气大胆他说出第一句话："我们就把这个会场当作最后的战场吧！"

会场顿时寂然，接着爆发出一阵热烈的掌声。接下来，罗慕洛放弃了原来准备的演讲稿，畅所欲言，思如泉涌，令在场的各路外交高手刮目相看。

不用说，罗慕洛的演讲取得了巨大的成功。后来，他的一些精辟的言辞被各家报纸登载出来。

可见，胆量是优秀演讲家的必备素质，万不可让恐惧占据你的心理。

二、保持信心

当众演讲，对一般人来说都是比较困难的，特别是第一次登台，都免不了精神紧张。即使有准备，面对人海，也难免紧张。紧张这种情绪对于演讲并没有助益。越是紧张，越是容易出错；越是信心十足，越是容易表现出色。

在你刚上台的时候，要充分看清自己的优势，保持头脑清醒，尽量不流露出不安和胆怯。稍后，这种紧张感就会随着演讲的进行慢慢消失。可以从别人的经验中吸取勇气。从古至今，有很多演讲名家最开始的时候也是害羞腼腆的。

不论是处在任何情况、任何状态之下，绝没有哪个人是天生的大众演讲家。在演讲之前，就可想象着自己开始演讲之后的情形，想象你的观众对于你的欢迎，想象演讲过程中他们的感动，想象自己的每一个意气风发的动作，每一句铿锵有力的话语，想象演讲结束后你所获得的掌声和赞美……这一切，都有助于增加你上台演讲的信心。

将自己完全投入你所要扮演的角色中，你就能感受到那一方演讲台给你带来的力量，这样可以帮助你出色地完成你的演讲。事实上，成功的信念和意志是演讲成败的关键。当然，这也是任何一件事情成功的关键。这相当于一个正反馈的效应。你越是自信满满，越是能够挥洒自如，也越能够成功，而成功又可以增加你的自信。

要记住：你的魅力，就在于人格的力量！

不知道大家是否有过这样的经历：一个人，即使站在那里不言不语，他浑身上下透出来的气质风度就能让你折服，他一个深深的眼神，就可以让你的精神被吸引，他的举手投足，都展示着他与众不同的修养，当他开口说话时，你还能够抗拒他的演讲的魅力吗？这不是一见钟情，但是，哪一个听众不希望演讲者是一个可以从内到外让你佩服得五体投地的人呢？

怎样才能有这样的力量？不是像希瑞那样，举着剑，大叫一声"赐予我力量吧，我是希瑞"就可以的。没有谁是特别的，你的力量是要靠你自己来积累的。

许多人既害怕当众说话，又希望自己能够在公众面前侃侃而谈。若不建立自信，就无法获得在演讲天地间翱翔的境界。因此对于演讲者而言，建立自信心就显得尤为重要，其过程就是与怯场心理作斗争的过程。

我们将当着众人说话时所产生的恐惧心理称之为"怯场"。美国著名作家、演讲家戴尔·卡耐基毕生从事于演讲的教学生涯。他在总结自己的体会时曾说："我一生几乎都在致力于协助人们克服恐惧、增强勇气和信心。"

怯场是一种正常的心理反应，几乎每一位演讲者都需要逾越这一道演

第四章 演讲准备与临场表现

讲障碍。但有关的研究表明，轻度的怯场对演讲反而有帮助。因为轻度的怯场能使演讲者对外来的刺激保持某种警觉性，于是临场的反应能力会因此而变得更加敏捷，说话也会更加流畅。

怯场心理会带来相应的生理变化。轻者会心跳加快，呼吸急促，颜面赤热，稍重者会手脚发软、肌肉颤抖、小便频繁，严重者会当场昏倒。

对怯场心理的产生原因众说纷纭。而美国演讲学家查尔斯·R·格鲁内尔提出的"自我形象受威胁论"则认为：每个人都具有理性的、社会的、性别的、职业的自我形象。当人们进行演讲时，其自我形象就会暴露于公众面前。由于担心自我形象会在演讲时遭到破坏，因而产生了窘迫不安的怯场心理。

例如，1969 年两位从事演讲学研究的教授在纽约开会，当他们向大会报告论文时，因为怯场而晕倒。"自我形象受威胁论"解释这种现象的产生是由于两位教授因自己的职业自我形象毫无掩饰地暴露在诸多同行面前，因而产生了一种急剧的焦虑和恐惧，当这种恐惧发展到一种极端时，导致了两位心理学家的失态。这种事件的发生简直是对教授本人的一种嘲弄，也可以理解为一种无意识的幽默。

由此可见，在演讲中增强自信是必不可少的，这种自信建立在演讲水平的基础之上，但很大程度上取决于人的心理承受能力和调控能力。如果缺乏自信，你无论如何也不可能成为一名优秀的演讲家。

三、消除演讲紧张的技巧

如何充满自信地走上讲台，使我们的演讲才能充分显示出来呢？

（一）自我鼓励法

演讲者首先要对自己的演讲充满信心，在精神上鼓励自己成功。演讲者可用如下语言反复鼓励自己，比如"我的演讲题材很有吸引力，听众一定会喜欢"，"我的口才很好，我一定会成功"，"我准备得很充分了"等等。

演讲者在演讲前不应过多考虑演讲失败的后果，如"我演讲差了怎么办?""听众乱起哄怎么办?"这种负面的自我暗示往往会影响演讲效果。应努力做到"放下包袱,轻装上阵"。

现代心理学实验表明,若由自我鼓励、暗示产生了学习及工作的动机,那么即使这动机是强装的,也是学习、工作取得良好成绩的有效措施。

（二）要点记忆法

初学演讲者往往把能够背诵演讲稿认为是充分的准备。熟读记忆,对于初学演讲者来说可能是一种必要的准备手段,但如果只是机械记忆,那么不仅会耗费演讲者大量时间,而且容易形成演讲者的心理疏忽。实际演讲时,如果因怯场、听众情绪波动、设备故障等突发事故打断演讲者的思路,机械记忆的链条就会被截断。于是演讲者便会处于记忆的空白状态,或者思维短路,导致演讲无法继续下去。此外,单纯的背诵,还极易形成机械的"背书"节奏,并且不能灵活运用恰当的手势语,不能根据观众情绪适时调整自己的节奏、情绪,使演讲呆板、乏味,而丧失了演讲应该具有的战斗性和人性味。

在演讲中,以采用提纲要点记忆法为宜。首先,就有关演讲的主题、论点、事例和数据整理成翻阅方便的卡片,然后针对演讲稿进行比较和适当的补充,整理出一份简略的提纲,并在提纲里注明各段的小标题,最后在各段的小标题下按序补充重要的概念、定义、人名、地名、数据和关键性词语。

至此,一份演讲提纲即算基本完成。在整理和编排的过程中,演讲者应反复思考和熟悉自己的演讲内容,而演讲时仅仅需要将该演讲提纲作为提示记忆的依据即可。

（三）情绪调节法

适度的深呼吸有助于调节紧张、烦闷、焦躁等情绪。当演讲者在临场时出现怯场反应,可以运用深呼吸法进行调节。即使全身放松,双眼望着远方,做绵长的腹式深呼吸,同时,随呼吸节奏心中默数1、2、3……很多运动员、歌星、主持人,他们在上场时也做深呼吸来调节自己的情绪。其实,这在心理学上叫注意力转移法。原来把注意力放在担心上,现在不

过是把注意力转移到深呼吸上，以此来让自己放松平静下来。

还有一种调节动作以保持情绪的方法，你在台上紧张的时候，会发现你的浑身肌肉紧缩着，绷得紧紧的，这个时候你换个动作，换个姿势，会直接减轻你的紧张程度。或者是握紧双拳，握得不能再紧之后放松，这样反复练习，多做几下身体就会慢慢放松下来。还有一种土办法，每当紧张的时候就用力地掐自己，就能马上分散或转移注意力。这些技巧很简单也很实用，不妨尝试一下。

（四）目光回避法

刚学演讲的人往往害怕与听众进行眼神交流。因为一看到听众的眼神于自己不利，就会心慌意乱，而无法继续演讲下去。于是出现了侧身、仰望、低头等影响演讲效果的不正确姿势。因为，演讲要求演讲者正视听众，这既是出于一种礼貌，又是演讲者与听众全方位交流的需要。拉近演讲者与听众的距离，是演讲成功的必备条件。刚学演讲的人不妨采用虚视方式处理自己的目光，将视线移至演讲场后排上方，以回避听众的目光，让目光在会场上方缓缓流动。这种方式既能避免演讲者与听众目光对视所产生的局促和窘迫，又能给听众留下演讲者稳重大方的印象，使演讲获得成功。

（五）专注所说法

专注自己的说话，就是把注意力全部专注在你要演讲的内容上，而不是放在听众怎么评价我，对我形成什么样的印象上。其实演讲的最高境界就是忘了自己，面向听众，专注所说。

专注自己的说话，其实也是注意力转移的一种技巧。我们常常是面对听众会紧张，但自己说话不会紧张，所以将注意力全部放在讲话本身上，而无暇顾及听众的反应，无暇关注听众，自然就会减轻紧张程度。

第四节　演讲的临场表现

当演讲者一出现在听众面前的时候，你的一举一动、一言一行就都暴露在听众面前了，你留给听众的印象是好还是坏，都会多多少少影响你说话的效果。下面就介绍一些演讲者在临场表现中应该注意的事项。

一、注意自己的形象

形象是指演讲者演讲时呈现在观众面前的体貌、服饰、风度、姿态、表情所构成的外观形式。演讲者的形象是演讲中的一个很重要的因素，也是演讲者的思想、道德、情操、学识及个性的外在体现。

通俗地说，演讲者要去演讲总得修饰一下自己的仪表，这是对听众的礼貌，礼貌也是你品行的表现。你不能蓬头垢面，衣着不整，邋里邋遢地出现在听众面前，或者板着一张僵硬的面孔，一副教训人的架势，或者还带着某些令人发笑的举止走上台，这样会引起听众的反感。

演讲者出现在讲台上，是听众的审美对象，如果注意了自己的仪表就能让听众得到了美的享受。不仅让听众赏心悦目，而且自己也会感觉良好，有利于演讲者情感的表达，从而提高演讲的效果。

演讲者要追求的形象美，主要是侧重在可以显示演讲者的内在精神风貌，性格气质，文化修养以及适应演讲内容和演讲环境需要的必要的外观修饰。所以外观形象的美不能与自然体貌的美等同起来，自然体貌的美丑具有先天性，演讲者不宜在这方面过多的追求，听众也不会在这方面过多的苛求。体貌不美，身材不好，甚至残疾者都不会从本质上影响演讲的外

观形象美，因为他们同样可以显示出演讲所需要的内在精神风貌美。

这并不是说演讲者的外形可以不讲究了，实际上演讲者的衣着、发型、姿态、风度、表情等都能从各自的角度显示演讲者的内在精神风貌乃至性格气质，文化教养以及与演讲内容的联系。

一般来说，演讲者的衣着要整洁大方，庄重朴素，轻便协调，色彩和谐。整洁大方能表现演讲者人格的尊严，轻便协调能表现出演讲者潇洒的风度，色彩和谐能表现出演讲者奋发的热情。总之演讲者的穿着打扮要舒服得体，不要穿以前没穿过的衣服，头次穿你会觉得不自在。衣服也不要过于华美，过于华美就会走向反面。但也不要过于随便，过于随便不是什么超凡脱俗，而是对听众的不礼貌，是缺乏修养的表现。

所以一个有修养的演讲者，他们在演讲之前总要根据演讲的思想内容、根据听众对象，对自己的仪表适当进行一下修饰。

二、注意你的眼神

在演讲时，虽然你是主动的一方，听众为被动的一方，但你们之间仍然是需要交流的。在演讲的时候，要时时注意现场的气氛，学会用眼睛与他们交流。用眼睛表达你的善意，你的智慧，用眼睛了解他们的情绪，他们的疑问。在注视听众的时候不要长时间专注于一个人，也不可以像探照灯一样在整个听众席上扫来扫去。

最好是适时地把目光放在不同的角落，可以同听众对视，用眼睛向他们询问，对视时可以稍作停留，不要等下面的听众被你看的脸红了才收回你的目光。这样一种无声的交流对于营造现场的气氛很有效，同样，将眼神运用得恰到好处也可以大大增加你的个人魅力。

事实上，眼睛的运用，只是表情的一部分。你的眉毛鼻子嘴唇一起动起来，那才是你丰富多彩的表情。站在演讲台上，是一件不简单的事情，不能嬉皮笑脸，毕竟你是在演讲，不是在说笑话。当然，也不要太严肃。不一定要微笑，也不一定要很亲切，但是一定要自然。你讲什么，你的脸上就要写着什么。不是要求有表演的天赋，但是，当你把有限的自己投入到无限的演讲情绪中去，你就可以自然而然地随着你演讲的内容，或深沉，或激昂，或欢喜，或冷静。

三、注意手势动作

你有没有过这样的经历，当你在众目睽睽之下时，不知道手该往什么地方放。手势，很难说明对你的演讲内容有多大的关系，因为毕竟手势的表现力是有限的。但是，手势的运用可以体现你的情绪，更可以缓解紧张情绪下手"无家可归"的尴尬，而且，对于有的人，手势还是演讲时的救命稻草——他们有轻微的口吃，在情绪激动时，需要加大手势才能说出话来。手势不要太频繁。你不是在用手语，更不是在跳舞，手势太多可能导致喧宾夺主，夺去听众的一些注意力。过犹不及，宁可不用手势——也许会让人觉得呆板了一些——至少也比花里胡哨来得好。

恰到好处。这个词很难界定，这个火候也很难把握。但是，就像表情一样，只要深刻地理解了你自己演讲的内容，放松，自然，投入，随着演讲进行，情绪的波动，你的手在你需要的时候就会不由自主地挥出，也会在该休息的时候回到你的身侧。

动作不要太单调，也不要太花哨。因为太单调或者太花哨都容易吸引听众太多注意力，影响演讲效果。有的人每次一激动就把左手向斜上方挥动，久而久之，竟然成了他的招牌动作。在演讲中，反复重复同样的手势就像祥林嫂反复说起阿毛一样，最终会让人厌倦的。而太过花哨的手势会让人觉得不严肃，甚至很可笑。其实，演讲中的手势只需要几个简简单单的动作，搭配间隔着用就可以了。

动作清楚有力。这个要求其实是和语言的清晰一样的。在演讲中，要求鲜明，切忌模棱两可。如果你只是把手在空中软绵绵地划一圈，听众不明白你的手势是因何而发，甚至会以为你是在赶蚊子呢！演讲者要想使自己在听众面前树立良好的形象，除了注意自己的仪表外，必须注意自己的举止和礼仪。在会议主席介绍之后，演讲者应自然起立走上讲台，上台时步伐要保持平常从容，自然稳健地走上讲台，让听众一见你就觉得你是一

个庄重朴实的人，为你的演讲留下一个良好的开端。不要急急忙忙慌慌张张大步流星地走上讲台，这样会给听众一种毛毛躁躁的感觉。也不用昂首阔步，一上台就端起架子，自以为可以姿惊四座，其实恰恰相反，很令人讨厌。松松垮垮，慢慢腾腾，随随便便，东摇西晃，抓耳挠腮，曲腰弯背，无精打采——这些姿态也无法取得听众的尊敬和信任，也无法提起听众的精神，都是不可取的。

演讲者走上讲台后要面对听众站好，首先以诚恳、郑重、尊敬的态度，向听众致意，不要急于开口讲话，花一两秒钟注视一下听众，看看听众的反应，让他们也看看你。这种目光的交流和沟通可能起到稳定情绪，组织听众的作用，使演讲一开始就取得好的效果。演讲者在讲台上，一般站在前台中间为宜，这样可以使演讲者统观全场，也能使处在不同位置的听众看到演讲者。

演讲者的站姿，要有利于表演，有利于走动，有利于发音。比较好的站法有两种：一是前进式站法，即一脚在前，一脚在后，两足稍有距离，成45度角，重心略侧重于前足，身躯微向前倾，这就给听众一种向上的振奋的欲动的感觉，一是自然式站法，即两足平行，相距与肩同宽，这种站姿给人一种注意力集中，精神抖擞的印象。这两种站法都较有利于表演，走动和发音。演讲者站在讲台上，不要侧着身子，不要双手拄着桌子，不要把手插在兜内，不时地耸肩和摆弄手指，这样有损于演讲者的形象。

演讲者站在讲台中间不是不要走动，而是可以根据演讲的内容和会场的气氛前后左右有所变动。走动需要注意以下几点：首先，向任何一个方向走动，应是一层意思的转折，一层意思的开始，而且，这层意思没有终结，绝不可改变方向，否则既不协调，又易破坏意思的完整性。第二，不盲目地走动。没有意义的走动，使人感到不自然，而且容易让人心烦。三是走动不可频繁，也不宜程度太大，要适度和恰到好处，以避免分散听众的精力。为了避免听众的精力分散，演讲者对于会场四周所发生的事情不要回顾张望或把目光停留在那里。听众中途进场，退场，你必须依旧保持原状不要中途停止。遇到听众的掌声，应暂停，待掌声停止后再继续。

不要常看表，不要对听众的鼓噪和讥讽加以驳斥，或表示怯懦。当演讲完毕走下讲台，也应该和上台时一样注意态度从容，镇静自若，无论有没有听众表示的掌声，你都应该面带微笑，表示愉快。说了这么多，不管是仪表服饰，举手投足，最终只有一个要求：恰如其分。

四、注意态度

《有影响力的人类行为》一书中写道："喜欢产生喜欢。"如果我们对听众有兴趣，听众也对我们产生兴趣。如果我们不喜欢台下的听众，他们不管在外表或内心，也会对我们表示厌恶。如果我们表现得很胆怯而且慌乱，他们也会对我们缺乏信心。如果我们表现得很无赖，而且大吹其牛，听众们也会表现出自我保护性的自大。经常地，我们甚至常未开口说话，听众就已评论我们的好或坏了。因此，我有充分的理由指出，我们必须事先确定我们的态度，一定会引起听众热烈的反应。

如果你对自己的演讲都没有多大兴趣，一开始就很冷淡，表现得好像很不情愿演讲一样，听众也就会很不情愿的听你的演讲。一个无趣的演讲者对着一群无趣的听众，那演讲还有什么意思呢？相反，一个热情洋溢的演讲者和一群被调动起来的兴致勃勃的听众，毫无疑问，会使双方都得到享受和满足。这样一个双赢的结局，只需要注意一下你的态度，何乐而不为呢？

五、注意语气

很多演讲者因为紧张，在面对听众时，只是机械地背诵演讲稿，而自己也就像一个机器人。什么样的人会对这样平淡无奇，甚至在每一句话中充满了紧绷情绪的演讲感兴趣呢？想一想吧，我们平时在和别人聊天的时候，是怎么吸引他们的呢？我们面带微笑，我们说的每一句话都充满了对自己所谈事物的极大热情，不管是喜欢的、厌恶的、兴奋的、恐惧的……我们的面部表情非常生动，眼睛闪闪发光，手势丰富。我们的语速时快时慢，完全与我们的情绪和听者的情绪合拍。我们的声调时高时低，就像我

们所讲述的故事一样跌宕起伏。当我们谈到什么重要的地方时，我们加重语气，放慢语速，选择长长的停顿……演讲也是一样，自然大方才是吸引人的关键。

《记者眼中的林肯》一书中写道："林肯在强调某一要点时最喜欢的方法之一就是：他会以很快的速度说出几个字，当来到他希望强调的那个单词或句子时，他会让他的声音拖长，并一字一句说得很重，然后就像闪电一般，迅速把句子说完……。他会把他所要强调的单词或句子的时间尽量拖长，几乎和他说其余五六句不重要的句子的时间一样长。"

六、纠正不良表达习惯

由于受社会、家庭和个人某种不良语言习惯的影响，有些人会形成一些不良的表达方式，如：吐字模糊，干巴枯燥，故弄玄虚，怪声怪气，滥用词藻，华而不实，污辱谩骂，带口头禅，颠三倒四，形象欠佳等等。

吐字模糊，含混不清，主要是没有过好语音关。由于鼻音、喉音太重，就会吐字不清，相近的字音不分。如果漏气，发音时就会有明显的气息声，音节含糊，使人听起来吃力。例如，将"旅馆"说成"雷管"，"z、c、s"和"zh、ch、sh"不分等。这主要是不善于运用发音器官，缺乏严格正规的发音训练。应该认真学习发音吐字的基本功，学习汉语拼音，掌握普通话。

由于精神紧张，产生怯场心理，发音器官失控，使音节变形，所以发声颤抖，飘忽不定也会吐字模糊，含混不清。纠正时，就要从心理因素上找原因，克服紧张心理和怯场心理。

如果讲话时语速太快，一带而过，也会产生吐字模糊，含混不清的现象。例如，说"西安门"，快了则成了"仙门"。纠正的方法是放慢语速，适当提高音量。

干巴枯燥，平淡无味，主要是没有过好语调关。说话时停顿太少、太短，则会讲得上气不接下气，说者无法表达出思想感情，听者没有思考回味的余地，令人厌烦。停顿太多、太长，则会讲的支离破碎，说者不能完整地表达意思，听者感到莫名其妙。

由于轻重音不分，缺少升降高低变化，讲起话来像老和尚念经，使听众难以把握关键词语和讲说者的立场、态度。

节奏快慢失当也会让人觉得讲话干巴枯燥，平淡无味，由于前后使用一个语速，缺乏节奏感，使人感到是一种听觉上的折磨，而不是美的享受。纠正时，关键要真正对听众、对自己所讲的内容有真情实感，这样才会在语音上自然流露感情，并恰当地运用语调。

故弄玄虚，怪声怪气，主要是没有过好语气关。其原因有：语气区分不好，声音下滑，任意拖长，句尾字音加重等。语气分为表意、表情、表态三种，各有各的特点，如果区分运用得不好，该用感叹语气时，却用了惊讶语气，则会让人觉得怪声怪气。声音下滑，任意拖长会带有一种"官腔"，造成某种命令、指示的意味，令人觉得故弄玄虚，装腔作势。有人喜欢在句尾几个字音上加重，因语气足，给人一种强制感、武断感，使人听得不舒适。

滥用词藻，华而不实，主要是语义方面的问题。其原因是：不辨词义，胡乱用词。例如，抗日战争前，广东军阀李福林不学无术。他在中山大学讲演时说："诸位大学生们，校长阁下敬请我光临贵校，本人深感侥幸，犹似鹤立鸡群，不由得使我飘飘然……"学生们听了哄堂大笑。这样胡乱用词，只能使人觉得是文理不通，废话连篇。

有的人在讲话时，不注意清楚明白，通俗易懂，爱用些别人难以听懂的术语和陈词滥调来生搬硬套，甚至故作高深，文白夹杂。这样做只会影响表达效果。

有的演讲者，喜欢华丽词藻的堆砌，牵强附会的引证和进行过分的雕琢粉饰，结果讲起来油腔滑调，使人感到言不由衷，哗众取宠。因此，要纠正这种毛病，必须加强遣词造句能力的培养，多读多看，提高表达能力。

大军阀张作霖在一次训话时，是这样开始讲的，他说："他妈个八子！今儿个，咱们就说大实话。前年夏天，咱们跟吴某人老小子干了一仗，大家还记得吧？嗯，丢人的事都记在我账上，你们别磨不开。眼下，姓吴的

又找茬了！他妈个八子！你们说说，该咋办？好！打！咱们丑话说在前，这回只许胜不许败，胜的升官，得奖；死的，多给抚恤金；败的，军法论罪。我说话算数。你们好好合计合计。我的话完了！"

讲得很直率，但未免有点"太脏"了，令听者作呕。作为演讲者，追求的是真善美，绝不能以侮辱谩骂的形式，宣传庸俗低级的东西。

口头禅指的是经常在讲话中出现的没有实际意义的词语。口头禅的表达形式很多，如"是不是"，"对不对"，"大概"，"反正"，"差不多"，"这个"，"那个"，"嗯"，"啊"，"吧"，"啦"等。口头禅多，破坏了语言结构，使本来有机联结的话语断断续续，前后不连贯，削弱了表达效果。

造成口头禅的原因，一是积久而成的语言习惯，或因一味模仿他人的讲话而致。二是演讲者事先无准备或准备不充分，临时现编而又来不及，只得嗯嗯啊啊，吱吱呜呜。三是演讲者知识少，语汇贫乏，老是用某些词语，用滥了就成了口头禅。演讲者必须力戒口头禅，有这方面毛病的人，要针对自己的具体情况，采取相应的措施，坚决加以矫正。

造成颠三倒四的主要原因是话语的结构安排不合理，排列顺序不恰当，不严密。纠正时，应注意语义上下贯通，词句承前启后，逻辑推理运用正确规范，认真提高口语表达的运用水平。

语态失调，形象欠佳。这主要是由于没有掌握好娴熟的体态技巧。演讲者无论是坐着说，还是站着讲，都要注意体态美和造型美，做到直腰、松肩、正头、收腹。讲话时，表情自然，由衷而发。动作要少而精，与讲话内容、思想感情相符合，不可生硬模仿和矫揉造作。

总而言之，纠正不良表达方式，是一个长期自觉且有很强针对性的工作，有上述毛病的人，应根据自己的实际情况，采取应的措施，逐步加以改正。

第五章
演讲的技巧

　　本章谈及演讲过程中的一些技巧，如何处理开头、正文、结尾。同时涉及即兴演讲的技巧。教师，特别是班主任，会经常对学生就眼前事件发表即兴演讲，这些演讲，所涉多属平凡，甚至近乎琐屑，的确与演讲比赛的内容有很大不同。这种即兴演讲的要点是讲出深度，抓住事件的本质，采用适当的手法，使演讲具有相当的深度。

第一节　演讲的开场白艺术

演讲的开场白是一门艺术。俗话说，"万事开头难"，"良好的开端是成功的一半"，它的作用是建立起演讲者与听众之间的思想感情基础。演讲成功与否的重要因素之一是开场白是否能吸引住听众。从心理学角度来看，一次活动开头的两三分钟是人的注意力集中的时候，当你站在听众的面前，第一句话也是听众最注意的，若你的第一句讲得不好时，接下来要想紧紧抓住听众的注意力，要费九牛二虎之力，才能挽回颓势。因此，演讲的开场白肩负着组织听众注意力的特殊使命。

下面介绍几种常见的演讲开场的方式。

一、由演讲的题目谈起

这种开头不仅交代了题目及演讲的缘由，而且还便于引起下文，使听众觉得自然流畅。

比如某校举行升旗仪式，某老师在国旗下讲话的题目是"今天，当《国歌》响起时……"，他是这样开头的：

朋友！你还记得那首震撼人心的《国歌》吗？"起来，不愿做奴隶的人们……"当这雄壮的歌声响起时，我每每被震撼，心潮澎湃、热血沸腾已形容不了我的心情。我怀疑起这是歌声，对！这不是歌声，不是歌声！这是咆哮，是黄河在咆哮：中华民族到了最危险的时候。这是呐喊，是四万万生命在呐喊：我们不愿做奴隶。这是爆炸，是团结力量在爆炸：我们万众一心，冒着敌人的炮火前进。

演讲题目是"今天，当《国歌》响起时"，演讲词的开头谈的就是当《国歌》响起时"我"的感受是什么，"我"的心情如何，"我"对《国歌》的歌词和曲调是怎样理解的。这样的开头方式既可以开门见山进入演讲情境，又可以紧扣话题展开演讲内容。再如黑格尔（美学）演讲的开头：

女士们，先生们，这次演讲是讨论美学的，它的对象是广大的美学领域，说得精确一点，它的范围就是艺术，或者毋宁说，就是美的艺术。

这样的开头，让听众一听就知道演讲的中心是什么，很容易把注意力集中到演讲上。

二、由演讲的缘由讲起

这种开头一开始便三言二语向听众说明演讲目的和原因，然后顺水推舟导入下文。有一篇题为"国家、民族与正气"的演讲是这样开头的：

每个青年都关心自己祖国和民族的命运，国家的正气，民族的正气，是团结鼓舞群众积极向上的巨大力量，是一个国家、一个民族兴旺发达的重要精神支柱。我今天就想以'国家、民族与正气'为题做一个发言。

再如华盛顿《告别词》的开头：

各位朋友和同胞，我们重新选举一位公民来支持美国政府的行政工作，已为期不远。此时此刻，大家必须运用思想来考虑这一重任托付给谁……我已下定决心，谢绝将我列为候选人。

这种从缘由讲起的方法，不仅能使听众知道演讲的主题和动机，引起听众的关注和兴趣，而且和正文的衔接也显得自然流畅。

三、借助于物品讲起

展示的物品一定要与演讲内容有关，或者是能更有助于你表达主题。展示物品可以是一幅画、一张照片或一件其他实物；有的演讲者在一张纸上写几个字，也可以引出话题。

卡耐基在一次演讲中别出心裁，他拿出几根头发展示给听众，问听众这是什么？听众不知其意，皆答"头发"，卡耐尔话题一转，问听众："你们都知道头发是长在头上的，这几根头发为什么掉下来了呢？"一句问话引起了听众的注意力，开始专心致志地等待卡耐尔演讲，卡耐尔接着说：

"这就是烦恼的副作用。如此乌黑的头发长在头上多么漂亮。"

四、由具体的事例讲起

闻一多的《最后一次演讲》就是用事例开的头:"这几天,大家晓得,在昆明出现了历史上最卑劣、最无耻的事情! 李先生究竟犯了什么罪? 竟遭此毒手?"这样的开场白能一下子就进入正题,抓住听众的心。

比如有一篇名为《救救孩子》的演讲是这样开头的:

去年 5 月 24 日的某报纸披露了这样一个事实:一个四年级的小学生,每天要带由父母亲剥光了壳的鸡蛋到学校吃。有一次,父母忘了给鸡蛋剥壳,差点憋坏了孩子。他对着鸡蛋左瞅右看,不知如何下口。结果只好带回鸡蛋去问父母。母亲十分吃惊地问他怎么不把鸡蛋吃了,他的回答很简单:"没有缝,怎么吃呢?"

通过小学生不会剥鸡蛋的新闻报道,将听众很自然地引入自己的演讲主题:我们每一个人都应该把培养孩子独立生活的能力当一件大事来抓。这种方式的开场白很能引起听众的兴趣,而且在语言操作上也比较容易,这适合那些初学演讲的朋友使用。

五、幽默式开场白

幽默式开场白是以幽默或诙谐的语言及事例作开场白,往往亦庄亦谐,妙趣横生,既语带双关,又不失犀利。它能一开始就营造一个轻松愉快的氛围,使听众在演讲者的幽默启发下集中精力进入角色,乐于接受演讲的内容。例如:一位黑人先生面对他的白人听众时,第一句话是:"女士们,先生们,我来到这里,与其说是发表讲话,还不如说是给这一场合增添一点'颜色'。"(听众大笑)幽默是智慧和信心的表现,运用得好,会使讲话具有无穷的魅力。

1965 年 11 月,美国人安娜·路易斯·斯特朗女士在中国上海庆祝她的 80 寿辰。周恩来总理在上海展览馆大厅为她举行了盛大的祝寿宴会,并发表了祝贺演讲,他是这样开场的:

今天,我们为我们的好朋友,美国女作家安娜·路易斯·斯特朗女士，庆祝40"公岁"诞辰。(参加宴会的祝寿者为"40公岁"这个新名词感到纳闷不解) 在中国，"公"字是紧跟它的量词的两倍。40公斤等于80斤，40公岁就等于80岁。

周恩来总理灵活的用语，巧妙的解释，在几百位祝寿者中激起了一阵欢笑，而寿星斯特朗女士也激动得流下眼泪。

请注意积极的幽默是高雅的，不能用低级的笑话或粗俗的语言来表达。

比如：

今天，我给大家吹吹形势问题。形势怎么样？那是秃子头上的虱子——明摆着的事情，哪个瞎了狗眼的敢说不好？可是，有些家伙就说不好。他成天屁事不想干，想吃个蛇啊、鱼啊、王八一类的东西，抽烟抽的是带屁股的，还要什么"三个五"呀（三五牌）、"万个宝"（万宝路牌）呀，喝茶是龙井、虎井的，那狗井、猫井就不能喝呀？还成天骂娘，你真是端着碗吃肉、放下筷子骂娘的没有良心的家伙。

这位领导的演讲，其主旨没错，也引起了听众的极大兴趣和阵阵哄笑。但这种笑是对粗俗的嘲笑，这种幽默只能让听众撇嘴，只会在演讲中起相反的效果，既损害了演讲的主题，又贬低了演讲者自己的形象。

六、用名言警句开头

使用名人的话语开头的好处是，名人都是大家耳熟能详的，并且具有某种权威。许多人对名人都有一种崇拜感，所以，引用他们的话就自然而然地产生了一种吸引力。这种开头没有废话，用好会很精彩。某教授常常用诗开头，有一次演讲时，他是这样开头的："我今天发言的主题思想用一句话概括，叫：海到无边天作岸，山临绝顶我为峰。是什么意思呢？……"造成了一种学者演讲的气氛。

七、设问式开场白

设问式开头可以起到集中听众注意力的作用。复旦大学曾举办以"青

年与祖国"为题的演讲比赛，有五六位同学演讲，会场始终嘈杂不静。最后一位同学上台，他只讲了个开场白，就立即扭转了混乱的局面。他一开始就说："我想提个问题，谁能用一个字来概括青年和祖国的关系呢？（停顿）这个关系就是一个'根'字。"实在是平常之中见奇功！

教育家陶行知1925年在南开中学做过《学做一个人》的演讲，他是这样开头的：

我要讲的题目是：学做一个人。要做一个整个的人，别做一个不完全的人。中国虽然有四万万人，试问有几个是整个的人？诸君，试想一想："我自己是不是一个整个的人？"

演讲者提出，做人就要做"整个的人"，那么"有几个是整个的人？""自己是不是一个整个的人？"这样的设问循序渐进，把听众的思路一步步引向深入。

道格斯《谴责奴隶制演讲》的开头：

公民们，请恕我问一问，今天为什么请我在这儿发言？或者我们代表的奴隶们同你们的国庆节有什么相干？《独立宣言》中阐明的政治自由和生来平等的原则难道也普遍降到我们的头上？因而要求我来向国家的祭坛奉献上我们卑微的贡品，承认我们得到为你们的独立带给我们的恩典而表达虔诚的谢意吗？

这里连设四问，而不予回答，这就迫使听众同演讲者一起动脑思考，从而达到吸引听众的目的。

八、自报家门式开头

演讲一开场就来个自我介绍，或个人经历，或性格爱好，或表明立场观点。这样的开头显得诚挚坦率，能融洽气氛，吸引听众。如相声演员牛群登台介绍自己时，做过这样的开头：

我大哥叫牛路，我爸希望他像牛一样扎扎实实地走路；三姐叫牛步，学牛走路一步一个脚印；我二哥叫牛铎，就是牛脖子上的铃铛。几个孩子一大群，该我出生了——"这孩子叫什么？""就叫牛群吧。"

九、以设置悬念开头

设置悬念可以激发和强化听众的关注兴趣和期待心理，产生引人入胜的表达效果。例如：

在一次演讲大赛上，一名从老山前线归来的主攻团团长，他走上台时双手抱着一个红布包，上面覆盖着一面党旗。他先给大家敬了一个军礼，然后说："同志们，今天站在这个讲台上的不是我，而是他们。"说完，他把红布包一层一层打开，全场观众都以诧异的神情注视着这个红布包。打开一看，不是骨灰盒，而是两本书。他接着说："这本书叫《风浪集》，记述老一辈革命者的丰功伟绩；这一本，我把它叫《无名集》，上面记满了这几年倒在我身边的战友的名字，他们是——'我心中的太阳'，这就是我演讲的题目"。

演讲者手中的红布包，上面覆盖的党旗，以及红布包里的两本书，这一切都紧紧抓住了听众的注意力，使他们对此产生强烈的好奇与期待，大大地激发听众的关注心和探究欲。

十、以抒发感受开头

抒发感受能营造一种特定的情感氛围，给听众以强烈的感染。1978 年 3 月 31 日，抱病在床的郭沫若，满怀诗人兼科学家的炽热感情和清醒理智作了一场热情洋溢的演讲，他是这样开头的：

我们民族历史上最灿烂的科学的春天到了。我是一个上世纪出生的人，参加这样的盛会，百感交集，思绪万千。

这样的真诚感受为后面的演讲定下了感情的基调，容易使听众产生一种强烈的期待。

十一、用与听众利益相关的话题开头

演讲者能在开头的时候用涉及听众自身利益的话语，那听众一定会

"竖起耳朵"。

1954 年 8 月 7 日，法国总理孟杰斯·法朗士在一次电台广播讲话时，用了一段简短的楔子："八月中旬正是你们中间很多人休假的时候，我想如果打断你们片刻的休息时间，跟你们说几个关系重大的问题，你们是不会对我反感的，因为这些问题事实上对大家都是休戚相关的。"这样，听众就能从始至终被吸引住。

另外还有用向听众致意开头，用称赞的话开头，用故事、寓言开头，用传闻轶事、个人经历、偶然事件、新闻事件开头，以及用描述情景、表述细节、阐发哲理开头等。

演讲者不管用什么样的方式作开场白，一定要注意以下四点：第一，形式上，要力求新颖别致、巧趣，一下就抓住听众，吸引他们；第二，内容上，要有新意，出奇制胜，使人耳目一新；第三，要有容量，意境深远，内涵丰富；第四，要有声势，有先声夺人之势。

切忌这样几种开场白："大家让我讲几句，本来我不想讲，一定要讲就讲吧。"（不想讲还讲，岂不是废话）"同志们，我没什么准备，实在说不出什么。既然让我讲，只好随便讲点，说错了请大家原谅。"（虽是谦词，但都是没用的废话）"同志们，这几天实在太忙，始终抽不出时间，加上身体欠安，恐讲不好，请大家原谅。"（既然那么多客观原因，何必要来讲呢？）

引起听众对演讲的关注，是每位演讲者所追求的效果。初学演讲的人却很难把握这一点，他们往往在不知不觉中就引起了听众的反感。如前面的几种开场白，演讲者在开始的时候毫无目的的解释一番，他们不知道：凡是从含有解释意味的话开始的演讲，都不能算是成功的演讲。比如你解释自己准备不充分，其实，你根本不需要这样声明，因为你这样做的结果是听众为你找到了理由：你之所以没有充分准备，一方面可能是你认为你所说的话并不值得准备，另一方面你可能认为随便找点资料就能应付。

对听众来说，这些理由显然含有不重视、侮辱或轻蔑的作用。这样就容易引起听众的反感。你的听众不想听你解释，他们都想听与自己有关的话，他们希望你一开口就吸引住他们，而不是等解释了之后才引起他们的好奇。

第二节　演讲正文处理技巧

演讲的正文，是演讲的主体组成部分。掌握正文的处理技巧，演讲者才能收到演讲的效果。

一、紧扣主题，语不离宗

从开头到结尾，展开论证也好，进行叙述也好，纵然千波百转，也要紧扣主题。一个问题可能是多侧面、多角度的，但无论多少个侧面和角度，必定有其主要的一面；一篇演讲可能包含几个问题，但无论多少个问题，它们都应当相互联系，并有主次之分。演讲者必须抓住主干，理清枝脉，分清主次轻重，不可"开口千言，离题万里"。

二、条理清楚，层次分明

要做到这一点，就必须在科学分析的基础上，把散乱的材料分门别类，分清主次和先后，把它们组织安排好，从而更充分、更有利地表现主题。比如，哪些应该先说，哪些应该后讲，哪些要详讲，哪些要略说；如何开头，如何结尾，如何照应，如何过渡，都要有周密的计划，做到胸有成竹。这样才不至于眉目不清、条理不明、乱七八糟、支离破碎，特别要处理好层次、段落、过渡与照应等。

所谓层次就是内容的先后次序，也是演讲展开的脉络和步骤。例如要做一次以"加强班级团结"为主题的演讲，其层次可以这样分：班级为什

么要团结（讲出其必要性）；怎样才能搞好班级团结（讲出其可能性）。第一层还可以再作详细分述：第一，从理论上阐述团结则兴旺，不团结则衰败的道理。第二，用事实来证明团结则兴旺，不团结则衰败。包括使用历史上和现实中的正反两方面的事例。第三，结论，必须加强团结。第二层内容也可以分为几个小层次来阐述。

所谓段落，是演讲内容的基本构成单位。演讲的划段不比书写，其分段除在内容上、结构上下工夫外，还要在技术手段上给以适当的处理。比如可采取下列方式划段：①使用序数词。用"第一，第二"、"首先，其次"表示段落之间的先后关系或并列关系。②使用关联词。用"因为……所以"表示因果关系，用"只有……才能"表示条件关系，用"不但……而且……"表示递进关系，用"虽然……但是"表示转折关系，用"由此可见"、"综上所述"来表示承上启下。③使用特定句型。用排比句、设问句、过渡句等把层次与层次、段与段之间衔接起来。

所谓过渡与照应，也叫起承转合。过渡就是在两层意思或两段之间做到承上启下、前后衔接；照应就是上文与下文的内容或前后的内容要关照呼应。前面想到的问题，后面要有着落和结果，后面提到的问题前面要先有交代和暗示，这样才能前后呼应，浑然一体，而不至于有头无尾或有尾无头。需要照应的情况有以下几种：第一，演讲的开头和结尾需要照应；第二，演讲的内容和题目需要照应；第三，提出的问题和解决的问题需要照应；第四，演讲的材料与观点需要照应。

三、有张有弛、跌宕起伏

讲述的内容应当千波百折，有起有伏，使整个结构富于变化，以其结构的艺术性吸引、打动并说服听众。心理学家认为，人听讲话的有意注意力每隔5~7分钟就会有所松弛，青少年学生的注意力更容易分散，而跌宕起伏、张弛有致的结构，就能很好地适应听众的这一特点。演讲者应当时而是严峻的说服，时而又是轻松的谈笑，时而慷慨陈词，时而诙谐幽默，甚至还可以根据需要适当穿插一些奇闻轶事、小故事、诗文警句、谈资笑料等等。这样会使内容丰富多彩，也使形式富于变化，使听众精神振奋，乐于倾听。

四、创造几个高潮

高潮不仅能渲染气氛、产生良好的现场效果，而且能加深听众的印象。林肯在葛底斯堡的演讲，不到 3 分钟，听众鼓掌 5 次。陈毅 1962 年在广州做关于知识分子的长篇演讲时，听众欢笑失声达 62 次。高潮能产生现场效果，所以演讲者要尽可能地制造高潮，调动听众情绪。如果一次演讲没有高潮，那么它必然是平淡无奇的。

要形成高潮，首先得靠真知灼见的思想。深刻的思想会闪耀出真理的光芒，说出来的是至理名言，听众自然会折服。电影《列宁在一九一八》中，列宁到米赫里逊工厂群众集会上演讲。当他说"共产党人，藐视敌人，无所畏惧"，"工人阶级只有一条路，那就是胜利"时，会场为之欢腾。列宁高尚的人格和献身革命的伟大精神，使他所讲的话成为人民前进的指路明灯。其次，造成高潮要有技巧。比如铺垫蓄势、衬托对比、设网解扣、当头棒喝、层递阶升、强调突出等，都可以酝酿出高潮来。第三是靠语言。酿造高潮的语言通常是排比式语言、智慧的语言、闪光的语言、生动的语言等。一般应当具有义深、言奇、语简的特点。如：诗，应该像普罗米修斯盗取的天火，给人间带来温暖与文明。诗，应该像司美和爱的女神维纳斯，给人间带来幸福与花朵。诗，应该像强力之神阿赫托拉，给人们带来力量与无畏。诗，应该像干将莫邪的宝剑，斩妖除魔，劈卷不平。诗，应该像一面旗帜，永远指向真理、正义、民主、明天……类似这样用智慧而闪光的语言和排比式表达方式所做的演讲，最容易调动听众的热情，酿造演讲高潮。第四是靠幽默，如通过幽默的神态、幽默的动作、幽默的语言等，形成演讲的高潮。

第三节　演讲的渲染技巧

所谓渲染，是指通过对环境、景物或人物行为、心理进行多方面的描写、形容或烘托，以突出形象、增强艺术效果的一种表现手法，运用渲染技巧可以提高演讲的艺术表现力和感染力。

一、环境气氛渲染

环境不仅为演讲活动提供具体的地域处所，而且构成演讲的独特的现场气氛。高明的演讲者往往善于以特殊的敏感体察现实情景，并通过对人、事、景、物的真切描述，渲染出一种浓厚的环境气氛。如埃弗雷特1863 年 11 月 19 日在美国宾夕法尼亚州的葛底斯堡烈士公墓落成典礼上演讲的开头语：

站在明净的长天之下，极目远眺经过人们长年耕耘而已安静憩息的广阔田野，那雄伟的阿勒格尼山脉隐约耸立在我们前方，兄弟们的坟墓就在我们脚下，我真不敢用我这微不足道的声音来打破上帝和大自然安排的这意味无穷的寂静，但我必须履行你们交给我的任务，因此请求你们施与我宽容和同情。

演讲者向前来参加会议的 15000 多人描述着自然景物：明媚的长天、广阔的田野、雄伟的山脉和"兄弟们的坟墓"，在庄严肃穆的气氛中，人们的哀痛被渲染的"意味无穷的寂静"的环境气氛化解着，逐渐升华为一种崇高而悲壮的美感。

二、人物心理渲染

渲染人物的心理活动，有助于抒发真挚的情感，产生强烈的现场效应，也能有效揭示和深化演讲主题。

道格拉斯·麦克阿瑟 1962 年 5 月 2 日所作的《责任——荣誉——国家》的演讲中有这样一段话：

我的年事渐高，已近黄昏。我的过去已经消失了音调与色彩，它们已经随着往事的梦境模模糊糊地溜走了。这些回忆是非常美好的，是以泪水洗涤，以昨天的微笑抚慰的。我以渴望的耳朵徒然聆听着微弱的起床号声的迷人旋律，远处咚咚作响的鼓声。在我的梦境里，又听到劈啪的枪炮声，咯咯的步枪射击声，战场上古怪而悲伤的低语声。可是，在我记忆的黄昏，我总是来到西点，那里始终在我的耳边回响着：责任——荣誉——国家。

演讲者是一位驰骋疆场的将军，他在垂暮之年回顾自己的军人生涯，缅怀自己当年在西点军校生活的点点滴滴，并将这些回忆与"责任、荣誉、国家"联系起来，使得人物的心理渲染与崇高的演讲主题融为一体，产生了很强的感染力。

三、事件态势渲染

事件是构成演讲内容的一大要素，渲染事件发展态势，可以激起广大听众的密切关注和热烈反应，这对于增强演讲的临场效果，具有积极的促进作用。如美国总统罗斯福 1941 年 12 月 8 日在参众两院呼吁对日宣战的演讲，就有对当时事件态势的渲染：

昨天对夏威夷群岛的进攻，给美国海陆军部队造成了严重的损害。我遗憾地告诉各位，很多美国人丧失了生命。此外，据报，美国船只在旧金山和火奴鲁鲁之间的公海上也遭到了鱼雷袭击。昨天，日本政府已发动了对马来西亚的进攻。昨夜，军队进攻了香港。昨夜，日本军队进攻了菲律

宾。昨夜，日本人进攻了威克岛。今晨，日本人进攻了中途岛。

演讲者以时间为序，连用六个并列的排比句，渲染出了日本在太平洋区域发动军事进攻的态势，有力地证实美国的安全和生存已经受到了严重威胁，从而激发了广大听众的紧迫感和复仇心，促使美国当天宣布美日已处于战争状态。

四、排比句式渲染

用三个或三个以上结构相同或相似、语气一致的句子，成串地表达相关内容的修辞方式叫排比。在演讲中运用排比句式，可以渲染气氛、激发情感、强化意义、深化主旨，增强演讲的艺术感染力。如美国黑人运动领袖马丁·路德·金1963年8月28日《在林肯纪念堂前的演讲》（又译作《我有一个梦》），就连续用了四个排比句"我有一个梦，我梦想着……"作为四个自然段，形成了波澜迭起、层层递进、步步提升的情绪渲染效果。

再看下例："没有规矩，不成方圆。法，是一个人的行为规范；法，是一个国家的治理准则；法，是一架社会的均衡天平。有了法，人们才有民主和自由；有了法，国家才会繁荣安定；有了法，社会才能秩序井然。"这里用两个层次的排比句，将法治的重要性作了多侧面的阐述，增强了说理的逻辑性和演讲的气势。

第四节　演讲的结束语技巧

演讲的结束语是演讲走向成功的最后一步。常言道"编筐编篓，难在收口"，"头难起，尾难落"，这是经验之谈。收尾不好的演讲是失败的演讲。好的结束语应该既是收口又是高峰，既水到渠成又戛然而止，既铿锵有力又余音缭绕，既别开生面、不落俗套又自然得体。

演讲的结束语方式很多，一般常见的有如下几种。

一、呼吁、鼓动式结束语

呼吁、鼓动式结束语是演讲者利用一些感情激昂、动人心弦的语言对听众的理智和感情进行呼唤，并指明具体的行动方向，以此来结束演讲。例如：我们有的是满腔的热血，有的是年轻的生命，那就用我们的热血来复苏祖国蓬勃的生机吧！用我们的生命来焕发母亲青春的光彩吧！

又如《在圆明园遗址前的演讲》是这样结尾的：

圆明园被火烧的耻辱烙在了每个中国人的脸上，仇恨和教训也记在了每个中国人的心底："落后就要挨打，强盛才能自主"，我们当代人应有志气雪此国耻，振兴中华，留下无愧于后代的历史，让火烧圆明园的惨剧不再重演！青年朋友们，为使我们的祖国成为最富有、最强盛、最文明的"万国之园"而奋斗、拼搏吧！

二、总结全文式结束语

演讲者在结束演讲前，可用简洁的语言扼要地对讲过的内容进行一下总结，以加深听众对演讲的印象。例如，张海迪的演讲《在困难面前要做胜利者》的结束语：

我今天在这里讲的，都是过去了的事，不久我就要离开北京回到我的故乡去了。我去了以后，一定把大家的关怀和鼓励变作前进的动力。我要更加努力地学习，更加努力地工作，把自己的一切献给党，把自己的一切献给人民。

有一篇题为《假如我是人事处长》的演讲，提出了演讲者对人事制度改革的看法和总的设想。最后，演讲者以总结式的方法结束了演讲："招才要有方，用才要有道，扶才要有法，这，就是我当了人事处长后的实施方案。"

对于初学演讲的人来说这种结尾方式很容易被掌握，但要注意，总结时要避免对前面演讲内容和形式做简单的重复。

三、借用名言式结束语

借用名人名言作结束语，能产生"权威效应"和"名人效应"。一般来讲，人们对名人权威有一种崇拜心理，借用他们的话可以给演讲的内容提供有力的证明，还可以把演讲推向一个高潮。例如一篇题为《心底无私天地宽》演讲中借用保尔·柯察金的名言"人生最宝贵的东西是生命……"作结束语。又如1993年国际大专辩论会冠军队复旦大学队，在辩论"温饱是谈道德的必要条件"问题时，四辩手蒋昌建的总结陈词的结尾是这样的："谈到这里，我不由得想起100多年前生活在哥尼斯堡的一位叫康德的老人说过的一句话：'这个世界唯有两样东西能让我们的心灵感到深深的震撼，一是我们头顶上灿烂的星空，一是我们内心崇高的道德法则！'谢谢各位！"这样的结尾言已尽而意未绝，令人回味，发人深思。

四、哲理升华式结束语

充满智慧而富于哲理的语言，可以使你的演讲得到升华，超脱平淡。如郭沫若的演讲《科学的春天》的结束语：

春分刚刚过去，清明即将到来。"日出江花红胜火，春来江水绿如蓝。"这是革命的春天，这是人民的春天，这是科学的春天！让我们张开双臂，热烈地拥抱这个春天吧！

五、用诗歌作结束语

诗歌或诗一样的语言是极富美感的，也极具感染力，同时也可以使演讲形式产生变化，形成最后的高潮。例如，一位岳飞纪念馆的讲解员在讲述了岳飞的生平事迹之后，把岳飞所作的诗词《满江红》朗诵给大家听，作为他讲解的结束语，取得了很好的效果。

六、余味无穷式结尾

这种结尾方式语尽而意不尽，让人品味再三，余味无穷。如有一篇《谁来保卫2000年的中国》是这样结尾的：

各位朋友，当我结束自己的演讲，走下这小小的讲台时，如果能听到您热烈的掌声，这无疑是对我莫大的鼓励，无疑将成为我前进路上的动力。但是，如果您走出会场，回到家里，仍然用"好儿不当兵，好铁不打钉"的陈旧观念，去责怪您要参军的儿子，责怪您要找军人做丈夫的女儿，那么，我宁愿不要这掌声，宁愿悄悄地、悄悄地走下这讲台……

有好事者曾问一生为官清廉的林则徐："为什么不设法给子孙后代留点钱物呢？"林则徐回答道："子孙若如我，留钱做什么？子孙不如我，留钱做什么？"林则徐的回答极其委婉含蓄，余韵无穷，在一种反复的回味

第五章 演讲的技巧

中听者能清楚地感受到他那清正廉洁的为官准则和人生价值观，这就是典型的余味无穷式回答法。

运用余味无穷式结尾，就是在演讲中以含蓄或者留有余地的语言来表达主题，让听众能在演讲结束后的思索中体会其言外之意，而受到启迪，或者总结演讲的精华主旨并深化主题。

无论用哪种方式作演讲的结束语，都应当坚持这样四个原则：①收拢全篇，揭示题旨。②表达新颖，不落俗套。③铿锵有力，富有鼓动性，如闻一多的《最后一次演讲》："我们不怕死，我们有牺牲精神，我们随时准备像李先生一样，前脚跨出大门，后脚就不准备再跨进大门！"这样的结尾斩钉截铁，极具鼓动性。④简洁明快，耐人寻味。如"不自由，毋宁死"。

另外，演讲结束语也有几大忌讳：一忌草草收场，敷衍了事，如同蛇尾。二忌拖泥带水，画蛇添足。例如"请大家再忍耐一下，还有一点时间，我想再谈谈另外一个问题。""我的话到此快完了，不过还有一个小问题，我得再说几句。"三忌精疲力竭，底气已尽，好像疲驴。四忌翻来覆去，冷饭回锅，味同嚼蜡。五忌故作谦虚，言不由衷，令人反感。避免这样的结尾："由于水平有限，准备不充分，讲得不好，请大家原谅。""我讲得不好，浪费大家许多宝贵时间，实在抱歉！"

总之，如果结束语没有勉力，会使一席演讲前功尽弃。所以，每一位演讲者应在结束语上多下工夫，做到"语不惊人死不休"。

第五节　即兴演讲技巧

即兴演讲又称即席演讲或即时演讲，它相对于命题演讲而言，指演讲者在某种特定的景物或某种特定的人物、气氛的激发下，兴之所至，在事先没有准备或没有充分准备的情况下有感而发的临时性演讲。

如各种大小会议上的开场白、总结致辞，各种礼仪讲话（生日祝词、婚庆祝词、开业庆典祝词、节日祝福、迎送答谢辞，各种集会、座谈、谈判、聚会、家长会上的即兴讲话），至于日常生活中的各种应酬（如介绍和自我介绍、应聘面试、新上任时的发言、刚参加工作与领导同事间的简短沟通、交流寒暄）等，严格意义上虽然不算即兴演讲，但和即兴演讲一样，由于它们在表情达意方面的针对性、快捷性、真切性，适应快节奏、高效率的现代社会生活需要，因此也备受欢迎。

教师也经常对学生发表即兴演讲，特别是班主任，这类即兴演讲不需要过多的"闪光"词句，强调演讲者的学识、思想和情感的自然展现，使演讲内容呈现出一定深度，对学生有启迪作用。

这类即兴演讲一般具有如下特征：内容精当，见解精辟，视角独特，逻辑严密；庄谐有度，传达真情实感，心口相应，充满浩然正气；有创见，有新意，发人深思，给人启迪。至于表现手法，则灵活多样，不拘一格。

一、即兴演讲的特点

即兴演讲一般具有以下特点：

（一）话题集中，针对性强

一般是对近期或眼前情况有感而发的，因此话题内容选取角度较小，说明议论求准，求精，求新。

例如《在教师节师生联欢会上的即兴演讲》。

各位同学、各位老师：

你们好！"教师节"是我们在座每一位师生自己的良辰吉日，可喜可贺！现在不正是如此吗？师生汇聚一堂，欢迎她，情谊殷切；你我竞相赞美，祝贺她，激情满怀！此时此刻，我感触良多。

自古至今，教师是社会文明的传播者，教师以人梯的精神培育了数以亿计的人才，推动着人类的进步、历史的前进，教师的事业是伟大的、光荣而高尚的。那么多年来的教书生涯，我们一直情系教坛，真诚执教，无论什么挫折和诱惑，都动摇不了我们"教书育人"的天职，改变不了我们"终生从教"的执着追求。

然而，当今社会的改革开放需要我们教师在思想上不断升华，业务上不断进取。没有改革开放的意识，焉能致力于教育的深入改革？不懂得科学教育的人，教育不出科学的人！今天，尽管我们众多的教师，已人到中年，双鬓渐白，承受着事业、家庭的重负，甚至还可能会经历工作、生活中的诸多坎坷磨难，但我们没有怨天尤人，没有心灰意冷，更没有"改弦易辙"，而代之以执着的信念投身于大改革大开放大建设的热潮，以突出的奉献无愧于这"太阳底下最光荣的职业"。

同学们，趁着我们还年轻，充分发挥我们的青春优势，学习进取，不断的充实自己，用今朝的热血，去写就明天的成功！

最后，值此隆重庆祝教师节之际赠送给同学们"十六个字"和"六种心"，以求共勉：

坚定信仰，执着追求，来日方长，好自为之。

忠心献给国家，孝心献给父母，爱心献给社会，痴心献给事业，诚心献给朋友，信心留给自己。

（二）临场发挥，直陈己见

即兴演讲不像命题演讲事先拟好讲稿，也不像辩论演讲事先进行模拟

优秀教师的演讲口才

训练，演讲者往往是当场打腹稿，即席讲话；说情况、讲道理、表看法、提意见很少绕弯子，切忌观点模棱两可，晦涩艰深，令人不知所云。

例如《总把新桃换旧符——在兄妹团聚会上的即兴讲话》。

今天，我们兄弟姐妹老少三辈近二十人，在这里张灯结彩，喜气洋洋，在美满家庭温馨的气氛中，举行联欢晚会，首先，我代表远在北国沈阳的全家向大家拜年，祝大家春节愉快，万事如意！

"年年岁岁花相似，岁岁年年人不同"，春节年年有，但今年的春节意义不一般。首先，我们兄弟姐妹分别四十多年来，第一次在一起过春节。解放以后，我们各奔东西，为了实现这次团聚，大家从改革开放的窗口深圳，从千里冰封万里雪飘的沈阳，来到浦阳江边，陶朱山下，相会于西施故里。我们"少小离家老大回，乡音无改鬓毛衰"，随着年龄的增长，强烈的思念家乡、思念亲人之情，从未间断，今天终于实现了这一愿望。第二……第三……第四……

在迎接 1999 年新春佳节之际，我想起北宋伟大的政治家、革新家、诗人王安石一首著名的诗歌《元日》：爆竹声中一岁除，春风送暖入屠苏。千门万户瞳瞳日，早把新桃换旧符。常言道：诗言志。这首诗充分表达了诗人不安于现状、大胆改革、勇于创新、积极进取的精神，很适合我们目前改革开放的形势。让我们乘着改革开放的春风，拿着新的桃符，换去旧的桃符，和全国人民一起，在社会主义现代化建设的大道上，在不同的岗位上去创造新的业绩吧！

（三）生动活泼，短小精悍

即兴演讲贴近生活实际，短小精悍，简明扼要（时间上一般控制在 1~5分钟之内，有的甚至只有一句简短的话），亲切感人。具有思想性，趣味性，知识性，忌讳冗长杂散，啰唆重复，不着边际的官话空话。

例如：《在外甥十周岁生日晚宴上的即兴讲话》很风趣活泼：

姐姐、姐夫、我的小外甥：

今天是外甥十周岁生日，俗话说，到生日吃面，当舅舅的我首先奉上三个蛋一碗面。

这第一个蛋叫"德"，思想好，像个石头蛋，扎扎实实的，在学校里尊敬老师，尊敬同学；在家里，孝敬父母，热爱劳动，艰苦朴素，文明举止；在公共场合，遵守规则，遵守秩序，不要做一个人人讨嫌的坏蛋。

这第二个蛋叫"智"。学习好，像个五彩蛋，进精液业的，在学习上要保持谦虚谨慎，要争当第一名，要像钉子一样发扬"挤"和"钻"的精神，切忌马马虎虎，草草了事，做一天和尚撞一天钟，更不要考几个大鸭蛋给大家下酒。

这第三个蛋叫"体"，身体好，像个铁蛋蛋，壮壮实实的。身体是革命的本钱，头疼脚痒不是真正男子汉，要经常注意身体的锻炼，像运动员那样具有强壮的体魄，不要做一个经不起风吹浪打的软蛋。

至于这一碗面么，大家看看，这面长长的像理顺的头绪，这象征着一切事情都有个开头，这就是说，要吃到这三个蛋就要从现在开始，从现在努力！

外甥，你说呢？

另外，有一篇简短的即兴演讲，请看上海市"钻石表杯"业余书评授奖大会上，一位中学老师的即席讲话：

今天，我参加"钻石杯"业余书评授奖会，我想说的一句话是：钻石代表坚韧，手表意味时间，时间显示效率。坚韧与效率的结合，这是一个人读书的成功所在，一个人的希望所在。

（四）以小见大，借题发挥

以点带面，从现象究本质，阐述具有普遍意义的人生道理、生活哲理、社会真理。例如《四海之内皆兄弟——在第二届"理解与友谊国际文学奖"授奖仪式上的答谢词》（韩素音）：

很久以前，我想是 1942 年吧，毛主席抱怨说，有一些同事，作文演说，冗长无度。英国人有一句谚语：言贵简洁，智在清晰。对此，我完全同意，并在世界各地两千余次的演说中总是努力实践。因而，今天也只说几句。

首先，要感谢大家，感谢所有的中国朋友，感谢所有那些我尚无缘识别但也许要阅读这篇讲稿的人们，感谢伟大的卓越的中国人民及其领导人。

几乎40年来，是他们鼓舞着我的工作。不但鼓舞着我写作，也鼓舞着我行医，不但鼓舞着我行医，也鼓舞着我研究人生。

今天，如同我21岁时一样，我发现我的根在中国。四天之前，初度七十有八，感觉依然如故。

我是一个十分幸运的女性，因为我的工作，无论是作为一个医生，一个作家，一个演讲者，一个经济学、社会学和政治学的学者，还是作为人妻、作为人母、现在又作为祖母和曾祖母，所有这些工作之所以成为可能，那是因为有了你们，我的朋友们——伟大的中国人民。

中国革命有辉煌的业绩，因为它改变了世界。世界并非万古不变，而是日新月异。中国人民拥有伟大的领导人，而且继续拥有熟知世界发生重大变化的领导人。在此，我想说一下，世界上许多国家羡慕中国，因为她的领导人富有智慧和远见。邓小平先生是一位非常伟大的人物，多亏了他的引导，中国成功地克服了困难，因而在人类21世纪医药面对的新世界里，取得了十分重要的地位。由于我本人是中西合璧的混血儿，介乎两种文化之间，因而一贯地认为，促进世界上各民族之间的相互理解，乃是十分自然的事。思考方法之歧异，不应导致仇恨和排斥，而是应该学习和努力理解。我身体力行，只是遵循着中国古代哲学而已：四海之内皆兄弟也。

二、即兴演讲的准备

进行即兴演讲需要多方面的知识素养，又需要敏捷的思维能力，快速的语言表达能力和应变能力。

虽然即兴演讲不能做长时间的准备，但还是有技巧做适当准备的。

（一）知识素养准备

演讲者的知识积累、兴趣爱好、阅历修养与演讲的成功有着紧密的关系。"巧妇难为无米之炊"，许多演讲者感到演讲的最大困难在于没有演讲材料。这就要求我们平时做有心人，"家事、国事、天下事、事事关心"，广泛地阅读、收集、积累材料，上下、古今、中外的人文科学、自然科学

第五章　演讲的技巧

都要学习，同时加强自我的思想、道德、情感等各方面的修养。这是一个长期、琐碎而复杂的工作。重点从以下几方面入手：

①多收集历史资料，对那些重要的历史事件、人物的有关情况要熟记，并分门别类地进行整理；

②多收集现实资料，对当今国内外发生的重大的政治、经济、文化、科技等各个领域的事件、人物的有关情况要了如指掌，进行思考；

③加强记忆，多记名人名言、俗语谚语、古典诗词、经典文学、寓言故事、时文政评等等。

（二）临场观察准备

演讲者要尽快观察、熟悉演讲现场，及时收集捕捉现场的所见所闻，包括现场环境（时间、地点、场景布置）、听众、其他演讲者的演讲等，以确定自己的话题，增加演讲的即兴因素。

（三）心理素质准备

既然是有感而发，就要有稳定的情绪，有十足的信心，有必胜的信念，这样才能保证思路通畅，言之有物，情绪饱满，镇定从容。

三、常见的即兴演讲

（一）被人发问时的即席发言

这种情况常在会议上或学术讨论、辩论会上遇到。这种发言要受发问的内容限制，范围容易掌握。只要将所问答的内容完整而有条理地阐述出来就行。如果被人质疑，只要将疑点讲清楚就可以了。

如周总理在北京的一次记者招待会上，介绍了我国经济建设成就和对外方针之后，一位西方的女记者站起来问："请问总理先生，中国有没有妓女？"对于这不怀好意的问话，总理坦然自若，双目盯住这个记者，思索一下，正色回答："有，在中国的台湾省。"话音刚落，会场响起一阵热烈的掌声。这就是被人发问时即兴讲话的最好例证。

（二）说明情况的即席发言

这种讲话通常是剖析性或解释性的发言。既可以摆事实，指出问题的真实情况；也可以分析事理，以深邃的洞察力透彻地剖析利害关系，达到摆事实、讲道理、以理服人的目的。

如：1936 年"西安事变"发生之后，周恩来为了逼蒋介石抗日，只身到强烈要求杀蒋的军官中去做解释工作。周恩来讲清了不杀蒋的道理，使军官们深明事理，感到我党胸怀宽阔，眼光远大。周恩来是怎样阐释和剖析的呢？他抓住这些军官急切要求杀蒋的心理特点，采用了欲扬先抑的办法平静地说："杀他还不容易，一句话就行了。可是杀了他，还怎么办呢？局势会怎么样呢？南京会怎么样呢？日本人会怎么样？国家和民族的前途会怎么样？各位想过吗？这次捉了蒋介石，不同于十月革命逮住克伦斯基，不同于滑铁卢擒住了拿破仑。前者是革命胜利的结果，后者是拿破仑军事失败的悲剧。现在呢？虽然捉住蒋介石，可并没有消灭他的实力，在全国人民抗日反蒋的推动下，加上英美也主张和平解决西安事变，所以逼蒋抗日是可能的。我们要爱国，就要从国家和民族利益考虑，不计较个人的私仇。"周恩来这番摆事论理的分析，说服了主张杀蒋的军官们，促进了抗日民族统一战线的建立。

（三）"灵感"勃发时的即席发言

"灵感"勃发指触景生情。这种发言多在讨论会上、酒宴上、各种聚会上遇到，偶尔也在意外情况突发中遇到。这种讲话，往往由别人的一席话使你发生联想，或者借景生情引出你的思绪，打开你的话匣子。这种讲话通常要看场合、情景，内容多以幽默、逗趣、欢乐为主。这种讲话要把握住简洁、得体、高雅、有趣等几个方面要求。

如《正大综艺》节目主持人杨澜在 1991 年 9 月 19 日晚于广州天河体育中心主持演出时，节目演到中间，她在下台阶时绊了一跤。杨澜灵机一动，说："真是人有失足，马有失蹄呀。我刚才的'狮子滚绣球'的节目滚得还不熟练吧？看来这次演出的台阶不那么好下哩！但台上的节目会很精彩的，不信，你们瞧他们。"杨澜这几句话不仅为她自己摆脱了难堪，而且显示了她非凡的应变能力和口才。这就是一次成功的灵感勃发时的即

兴讲话。

（四）被人邀请时的即席发言

这种发言在各种场合里经常遇到。发言时一要谦逊，可以感谢主人的热情好客或赞扬主人的功绩；二要使听众通过讲话内容有所收获和启迪；三要正确估计听众的心理要求，可根据对象选择话题。

如一位老师在接新班时，学生鼓掌欢迎他讲话，情绪十分热烈。他针对学生希望有一位好班主任的心理要求，发表了即兴讲话：

亲爱的同学、朋友们：

当我站在这讲台上，不，应当说是舞台上，我似乎觉得两侧的紫色帷幕缓缓拉开，最富有生气的戏剧就要开始了。最令我兴奋的是这戏剧拥有一群忠于我的演员——在座的全体同学。为此，我愿做一名热情的报幕员，此时此刻向观众宣布：会计 09-1 班的演出开始了！我想，我这个班主任首先应该是一名合格的导演，我渴望导出充满时代气息的戏剧来：团结、紧张、严肃、活泼是它的主调，理解、友爱、开拓、创新是它的主要内容，爱着这个集体和被这个集体爱着是它的主要故事。我作为导演要精心设计出生动的情节、典型的角色、迷人的故事献给今天在座的每一位同学。这舞台是你们的，你们是当然的主角，我心甘情愿地做配角，尽我的力量竭诚为主角效劳。不仅如此，我还要做一名最虔诚的观众，为你们精彩的演出微笑、流泪、鼓掌、欢呼。

四年之后，当你们最后与自己的中专时代告别，将要登上人生的大舞台时，你们会深深地感到这小舞台所给予你的一切，是多么珍贵，多么难忘。四年后，当我们这个班的戏剧舞台徐徐落下帷幕时，我愿听到这样的评价：老师，你是我们满意的导演，也是一名不错的配角，更是我们喜欢的观众。预祝我们合作顺利成功！

这段精彩的即兴讲话，道出了老师的期盼，满足了学生的心理要求。

（五）主持人的即席讲话

这种讲话内容要根据主持人在活动中所担负的职责而定。分报幕式主持和角色式主持。报幕式主持如主题报告会，主持人的职责是把会议事项和报告人介绍给听众，宣布会议的开始与结束，其作用是贯穿始终，使会议浑然一体。角色式主持如文艺晚会，其职责是担负着活动的角色，在活动的开始、中间、结尾都有"戏"，而且其戏不能从整个活动中剥离抽出。

主持人的即席发言一定要有精彩的开场、恰当连接、灵活应变的特点，应打破千篇一律的格式，比如"现在开会，请领导作报告"、"师生联欢晚会现在开始，第一个节目……"应根据活动的具体情况，或说说会议内容，或讲讲形式，或道道特点，或提提要求，或谈谈"历史上的今天"。总之，要因境制宜，灵活设计，最好在诙谐幽默之处，尽量来点乐趣，使听众能发出来自内心的微笑。

如某校邀请话剧《光绪政变记》中的慈禧太后的扮演者郑毓芝作演讲，主持人是这样开场的：

同学们，今天，我们好不容易把"老佛爷"慈禧太后请来了！老佛爷郑毓芝同志在戏台上盛气凌人，皇帝、太监、大臣见了都诺诺连声，磕头下跪。而在台下，她却和蔼可亲，热情诚恳。她方才和我谈起，还曾扮演过《秦王李世民》中的贵妃娘娘、话剧《孙中山》中的宋庆龄。她是怎样把这些截然不同的人物表演得栩栩如生的呢？下面就请她发言。

主持人很幽默地把发言人是谁，她的概况及发言的内容巧妙的介绍了出来。

（六）参观访问时的即席发言

这种讲话往往是在参观访问结束时进行的，其内容多是叙说观感，可以对被参观单位的特点、成就、经验进行赞扬，也可对主人的盛情表示感谢。这种发言要感情真挚，语气谦逊，语言优美。

如我国著名诗人公刘，1987年3月他以中国作家代表团团长的身份率团访问联邦德国，访问结束时他即兴发言：

我们今天下午冒雨参观了斯科滨的许许多多值得自豪的文化设施，特别是那些为农民和农业工人服务的文化设施。我要说一切都很美好，一切都像图画。然而其中最令人难忘的要数那座利用羊舍改建而成的俱乐部了。我是诗人，这座羊舍使我不费气力地获得了一首诗。我认为，这首诗的产生是十分自然的，因为这一把旧羊舍变成新俱乐部的主意的本身，就是诗的构思……请诸位猜一猜，我在那座旧羊舍里想到了什么？我想到了

希腊神话中的著名的金羊毛的故事，金羊毛不仅象征着意志，还象征着冒险和对幸福的追求……你们的金羊毛，却不用寻找，准确地说，是已经找到了，它就在你们身边，就在那座改建成为俱乐部的羊舍之中！在那儿，看上去固然是没有羊只了，实际上却一直豢养着身裹纯金毛皮的羔羊！请看一看四面墙上挂满的奖旗和纪念品吧，请看一看孩子们脸上荡漾的微笑吧，正是看到这些，我才特别的激动，我仿佛全身心地熔化在一首好诗之中。现在我提议，我们中国代表团向好客的德国主人，向我们德国主人令人羡慕的金羊毛敬酒！干杯！

第六章
优秀教师的演讲细节

　　没有人是天生的演讲家，"勤学苦练"这个词仍旧适用于演讲领域，只要努力，你也能成为一个优秀的演讲者。演讲中会出现很多细节问题，有心的人会勤于练习，细心总结，逐渐悟出其中的门道。比如吃透材料，烂熟于心，开讲前酝酿好感情；手势动作力求简洁自然，动作事先一定要有安排，不能临时在台上即兴发挥等等。这里，我们介绍一些人们通过演讲总结出来的"真知灼见"，供教师朋友参考。

第一节 演讲语言的四条重要法则

你想象得到吗？在一场演讲会上，一位卡车司机的听众，居然比一位大学教授的更多。这是什么原因呢？固然大学教授风度翩翩、学识修养俱佳，演讲也条理清楚、讲究发音，但他却缺少一些非常重要的东西，即真实与具体。他的语意朦胧，概念化的抽象论证太多，没有自己独到的见解。所以教授的演讲是用理论编织成的脆弱的抽象集合网络，缺乏生动性，具体性。而卡车司机的演讲，却具体而真实。他们用自身的经历为例证，用自己工作、生活中的实例作为自己论点的论据，这些正面的，反面的实例都是演讲者的体验，因此充满活力，内容新鲜生动，富有生动性、真实性，因此，能吸引、打动听众。

这个事例，并非要比较大学教授与卡车司机的不同，只是借此说明怎样才能使演讲更具鲜明的色彩，更能吸引听众。

吸引听众的演讲语言有四条重要法则。

一、规定主题范围

选定主题之后，就要围绕主题选择组织语言，严格遵守，不能超过主题所需的范围。

失败的演讲，很多是因为演讲者讲的事情太多、太杂，听众无法将注意力集中去体会主题。如果你的演讲内容是生搬硬套、平铺直叙，试想别人对你的话题还有聆听的兴趣吗？

主题的要点越少越好。例如谈到旅游方面的话题，由于演讲者过于热心，往往会把景点的一花一草，一石一木，巨细无遗地介绍给听众。殊不知这样讲，听众不可能跟上演讲者的叙述速度，顶多在脑子中留下一片模糊的印象罢了。但是，如果你把景点中最有趣的见闻，或者某一情趣最浓的景致描述出来，那么，便可给听众留下突出的印象。

任何主题，都要把握好要点，主题范围的限定、时间安排应恰如其分。限时5分钟的演讲，只能有一两个重点；30分钟的演讲，要点也不要超过四五个。因为，长时间的演讲，也不能把四五个要点阐述清楚。所以要点精而少为好。

二、主题的选择应精益求精

论述主题不能停留在表象上，虽然此举比深入挖掘主题要容易得多，但这种投机取巧的简单把戏，是难以引起听众的共鸣的。"挖掘主题"你就必须认真思考：你所确定的主题有何价值？这一主题在实践生活中能否得到印证？你的论点究竟要表明什么？是否具有真实性、科学性？能否让听众信服？

一位外科医生这样说过："做一例阑尾炎的手术，至多花十分钟，但要熟悉有关手术意外的医护法则，则需花费五年以上的时间。"同理，为了应付演讲时出现的意外情况，你必须随时根据听众的反馈而改变演讲的方式、方法，调整论据甚至重新确定主题。

要有充分的准备，要尽早定好演讲主题。不要在演讲的前两天才开始着手决定主题。主题决定愈早也就愈有充足的时间收集素材，撰写讲稿，也就能使主题得到升华，你的演讲也就更加精彩动人。

诺曼·托马斯说："在重要演讲之前，演讲者一定得先在心中对主题反复斟酌，把演讲准备变成自己生活的一部分。这么一来，无论你在街上走、看报、睡觉或起床，都可能会发现有利于演讲的生动事例，也可能发现某些技巧，你如果只想做平凡的演讲家，那你的观念未免太落伍了，所以，对听众无关痛痒的演讲，其效果是不言而喻的。"

有些人习惯把准备过程的内容逐句记录下来。那么你就错了，因为，一旦使句子定型，从此就会对此感到满意，从而导致思维僵化，即不再有更富建设性的内容得到充实，又对已形成的东西舍不得忍痛割爱。最糟糕的是，看了多次，几乎背下来了，那更可怕。对此，美国作家马克·吐温有如下看法："写出来的字，不适合说出来。因为文章是呆板、缺乏弹性、没有效果的东西。如果你不是传授什么知识，只是为让听众与你在情感上沟通的话，你在演讲时就应避免使用呆板的词句，而要采用日常生活的生动用语。听众对呆板的文章只会感到无聊，不会有什么兴趣。"

三、多举主动实例

第洛德夫·弗利西在《文章作法》中指出，"真正耐读的书，只有故事"。

事实上，畅销的书籍和杂志，其文章都是以近似口语的文体写成并且文章中穿插许多奇闻轶事。所以，应将一些必要而又有趣的故事，运用到演讲中。

皮耶是一位拥有数百万观众的节目主持人，他曾向记者表示："根据我多年的经验，深切体会到唯有举证实例，才能将思想表达得浅显易懂，更加引人入胜、更具有说服力，证明重要论点一定要举出生动有力的实例。"

实例的选择和运用也不能良莠不分，一般要遵循如下五个原则：

（一）要有人情味

如以"成功的秘诀"作为演讲题目，那么多数人都会用一些抽象的美德或原理、原则进行论述，或者采用有关勤勉、忍耐、奋斗等的说教性理论。戴尔·卡耐基曾对此问题向一位美国企业家指出：最能引起听众注意的，就是经过升华、美化的实例，并且要列举成功与失败两方面的典型事例，那样才会对听众有所帮助和启迪。这位美国企业家在正式演讲时，是这样讲的：

我的另一位同学，则对事业怀有勃勃野心，当时纽约的世界博览会正在筹备组建，需要工作人员，于是他毅然辞去费城的工作，到纽约寻找合作者，后来被电话公司以高薪礼聘，得到了用武之地。

这则演讲就非常富有人情味，真切自然，这样的同位对比不仅使听众听后即有所知、所想，而且极为现实，给听众留下的印象是深刻而生动的。这位美国企业家原来作 3 分钟的演讲，都感到极为困难，但这次他讲了 10 分钟，还意犹未尽，听众也兴致勃勃。他的成功就在于他列举了富有真实性、生动性的故事，而不是空泛理论。

（二）以自己的经历举例

有关自己的事例是容易生动具体地表达出来的，同时也富有人情味，但一些人被常识性禁忌所约束，不敢或不屑运用自己所经历的事。专家们认为投入地谈论自己的经历，听众是不会产生反感的，相反，这种现身说法还具有吸引力。

但是你的话不能具有挑拨性，同时不能过分地以自我为中心；做得恰当，才能引起观众的兴趣，千万不要忘记，这是最容易引起听众共鸣的最可靠的手段。

（三）使用真实姓名，将故事个性化

演讲中的事例所涉及到的主要人物，最好能用人物的真实姓名和职务。如果不方便，则可用假名来代替，例如张三、王二等一般无个性的名字，虽然是代名词，只要故事富有个性，并且生动，同样能达到预期效果。

有名字，才容易区别，才会形成有个性的真实印象。杜洛夫利西说："有名字的故事，最具有真实性，隐名是非真实性的作风。想想看，读一本没有任何主角名字的小说，会有怎样的感觉……"

（四）交代要清晰分明

交代事例一定要明确、清楚，这是毫无疑义的。

怎样做呢？在这里可参照新闻记者写报道用的五 W 原则：时间（when）、地点（where）、人物（who）、事件（what）、事件发生的原因（why）。这五个要素交代清楚了，你的演讲就会给听众以具体真实的感觉。戴尔·卡耐基在一次写给《读者文摘》的稿件中，有一段说词：

大学毕业后，我在亚玛公司当推销员。通常我都搭乘火车往返。一天，我在红田等待南下的火车，忽然想起要到纽约戏剧学院念书的事，我应当利用空闲时间练习说话，于是，我开始在站台上走来走去，背诵莎士比亚的戏剧《麦克白》中的对白，同时将我的双手伸出，仿佛真的演戏一样。

突然，有四个铁路警察包围了我，问我为什么做出令妇女害怕的动作——一位妇女距离站台20英尺外的厨房窗口，看到我的表情奇特，动作怪异，遂向警方报告；当警察来到我的身旁，我仍然没有警觉，口中念念有词。

但是你对事例的交代不能过于琐细，添油加醋，节外生枝，喧宾夺主，这样反而会适得其反，使你的演讲变得冗长，有可能失去真实性。不论何种情况，冗长的演讲都会被听众无情拒绝的。

（五）利用对话使演讲更生动

下面举一个说服易怒者的例子，同样的例子，两种叙述方式所取得的效果大相径庭。

第一种叙述方式：

刚才有一个人来办公室找我，为上周替他安装电器的事商谈，因为电器显然不佳，他很生气。我告诉他，我们一定负责维修好，他的怒气才稍稍缓和下来，因为他了解我们公司会尽力帮助他。

第二种叙述方式：

上周二，我办公室的大门突然被人一脚踢开，我吃惊地抬头一看，原来是顾客查理·布洛夫。他怒气冲冲向我走来，我还来不及请他坐下来喝茶，他就咆哮如雷地吼道："艾德，我警告你，这是最后通牒，请你赶快派车拉回那台洗衣机。"

我问他："到底是怎么回事？"

"太不像话，你们的破机器，"他又开始大声吼叫，"衣服一放进去就被缠在一起，我的太太总说倒霉，直唠叨我不会买东西。"他愤慨地敲着桌子，相架都被震到地上。

第二种叙述将顾客的神态、语言、心理，作了细致的描述，非常生动，能迅速吸引听众的兴趣，而第一种叙述方式，相比之下是何等的抽象。原因就在于没有人名，也没有细节描述。并且，第二种叙述吸引、打动观众的重要之处是有效地运用了对话，并富有个性。

虽然演讲不一定都要插入对话，但对话却能起意想不到的效果。在某些重要情节中直接引用对话，可使演讲更加生动。如果演讲者有模仿的能力，改变一下腔调，会更有情感。使用对话可以增加亲切感和真实性，仿佛是与听众在一起聊天，而并非是在作枯燥的学术报告，同时，也能化抽象为具象。

演讲既属于听觉技术，又属于视觉艺术。用手势、动作、表情把演讲视觉化，别人便会认真去听去看。

四、使用具体亲切的语言

应该多使用形象化的语言。有的演讲者对这个技巧尚且不知，有的知道了也未加重视。实际上，凡能引起听众听讲欲望的演讲者，都善于在形象化的修辞上花工夫。

哈巴特·史宾塞在《文体的哲学》一文中说：

当我们思考一件事时，不要用一般性的抽象概念，而要用特殊的形象概念。不应用"一个国家的风俗、习惯、娱乐、愈野蛮，则其刑罚法规也愈严苛"这样的方式来描述，而应该用"一个国家的人民，愈喜欢战争、比剑，则他们也一定会愈加喜欢用绞刑、水牢等残酷的刑法来惩罚犯人"的方法来描述。

许多古代的谚语很富有形象的色彩，如"两鸟在林，不如一鸟在手"、"倾盆大雨"等。还有一些生动形象化的比喻"像狐狸般狡猾"、"像岩石一样坚硬"等等。

林肯总是喜欢用视觉性的语言来描述事物。有一次，一份冗长而繁琐的文件送到了他的办公室。他阅后颇为不快。但他并没有用枯燥、无味之类的话来作批评，而说："对于如何选购一匹良驹的报告书，我并不希望在报告上写马尾有几根毛，只要提供判断良驹的方法就够了。"

第二节　无声胜有声

　　无疑，演讲需要语言来支撑，但也不是说有了语言，演讲就一定可以成功。反而是，如果能够很好地利用非语言的方式来辅助语言，会收到意想不到的效果。

一、沉默是金

　　人有滔滔不绝的时候，也有不言不语之时，因为世界就是永恒的运动加上相对的静止。中国传统的国画和书法艺术，都有"意到笔不到"的情况，画面上有的地方着墨无痕，也依然传神，能让领悟者心领神会。沉默即如是，运用得当，"此时无声胜有声"。

　　看一个例子。

　　女士们、先生们：

　　今天我来到警察学校，一上台就发现了一个秘密！（停顿）

　　你们想过没有，全国这么多人，谁有权利在头顶的帽子上缀上我们庄严的国徽呢？（停顿）

　　你们！只有你们！

　　这是一位著名演讲家在警察学校演讲时的开场白。他走进会场时，发现秩序有些混乱；直到他登上讲台，依然有不少人做着与听演讲无关的事。于是，他灵机一动，说了这么一席话。

　　当演讲出现第一次停顿，场内寂静下来，听众均注视着他，期望他揭开这个"秘密"。第二次停顿时，听众陷入了沉思，直到"真相大白"。这

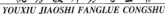

位演讲家就非常巧妙地运用了沉默艺术，一下子激起了听众的好奇心，所选内容更激起了听众的责任心、自尊心，从而使听众兴致勃勃，集中精力听他后面的演讲。

但是，沉默也不可滥用，同时，要注意对方的沉默，从沉默中去揣摸对方心理，否则，会出现误会。

请看一段话：

男："我们到公园里去散散步吧？"

女："有什么去头？"

男："新建的秋水公园不错，环境十分优雅。"

女：（打断）"哦，那么好？"

男：（兴致勃勃）"特别是那个园中园，真是个神仙去的地方！咱们去做一回活神仙如何？"

女：（面有愠色）"……"

男："同意了？走，这会儿去的人少！"

女：（不快地）"你自个儿去吧！"

这是一对恋人间的对话。小伙子兴致勃勃，却没有从女友冷淡的口吻，看出心理变化，没有看见满脸的愠色，以致完全误解了女友沉默的含义，落得个自讨没趣的下场，实在是咎由自取。

生活中，有许多借沉默来"讲话"的情况，如下面的例子：

①当对某事缺乏深刻了解时，最好不要信口开河，这时保持沉默可以掩饰你知之不多的窘态。

②当有人要求或请求你去做某事，而你又不愿或没有能力办这事时，你可以保持沉默。这种沉默，可以使对方无可奈何或表示自己拒绝的态度。

③当你办某件事出现差错时，沉默将使别人感觉到你的自责、内疚等痛苦心理，而不再追究。

④当你心里对某人某事有不悦或痛苦的感受时，又不想用语言来表示不满，沉默也会帮助你把这种心境传达给外界。

⑤当别人当面过分热情地夸奖或奉承你时，你又不便立即阻止或拒

第六章 优秀教师的演讲细节

绝，沉默是最好的方式。

⑥当你生气、恼怒时，又不想恣意发作，沉默可以帮助你克制激动的心绪。

二、会说话的眼睛

我们常说，"眼睛是心灵的窗户"，在演讲时，目光具有传递信息的作用。只要你仔细地观察一下谈兴正浓的交谈者的目光，你就会发现谈话者的眼神通常情况下有一些特殊含义。

说话者不会把目光集中在听话者身上。他的目光是移动的，在听者的头部上下左右约 30 平方厘米的范围内移动。当谈到重要问题述说关键话语时，说话者的目光会面对对方的眼睛；当说话者结束一段话语时，他的目光又开始注视听话者的眼睛，直到对方接受这个信息为止。

听话者的目光则大为不同，听话者将目光注视着说话者脸部。听到重要处或有疑问时，都会不由自主地用目光与对方的目光对接。注意力越集中的听者，他注视对方眼睛的次数也就越多。

你与学生接触，看到的是一双暗淡的眼光，就可以肯定他有不顺心的事情；在谈话过程中，你看到学生的眼睛突然亮起来，这就是你的话触动了他的心灵，表明他对你讲的很感兴趣。

只要认真观察，你就会发现，眼睛确实会说话。平视、正视、斜视、仰视；目不转睛、不屑一顾……都反映出交谈对象的态度、神情以及部分心理活动。

敬仰你的人，他的目光往往是平行注视你；喜欢与你交谈的人，他的眸子里会流露出热烈的光彩，表现出欣喜的神情；性格傲慢的的人，他的目光仰视或根本不看你；轻视你或讨厌与你交谈的人，目光往往不停地移动，或不屑一顾，没有神采；做了亏心事的人，目光总是躲闪的；正直坦荡的人，目光沉静坦然毫无遮掩地望着你；恋人的目光，眼神热烈，充满浓情爱意，让你激动；相互对立仇视的人，尽管客气握手，但眸子里闪烁着挑战的目光。

优秀教师的演讲口才

要让对方对你的话感兴趣，你就要让所讲的内容符合听众的需求。在说话中，时时利用目光语言传递信息，反馈信息，随时调整、把握说话的内容。

通常情况下，当听者的视线转移或目光不稳定地四处乱看时，其传递的信息大多是"你说的东西与我无关，我不想听了，希望早些结束谈话"；当听者的目光凝神地注视某处，或对你视而不见时，多半反映出听者根本未听你的谈话，他正在思考另外的某些事情。根据这些信息，演讲者应马上作出对策，或是调整话题，或是停止讲述，或者突然加重语气，总之，要想办法使你的谈话引起对方的注意。

要想给对方留下诚实、可信的形象，你注视对方的目光就一定要流露出诚恳、友好和自信，这是建立良好人际关系、树立形象的第一步。这种眼神不能矫揉造作，脸上一副诚恳的样子但目光流露出虚伪狡诈，让人看着就不舒服。如果你从内心里看不起对方，对对方没有交往的兴趣，那么你无论怎么用面部表情表示热情、友善，你的眼睛仍会出卖你，别人会发现你的"表里不如一"。

当别人在对你讲话时，切忌死死盯住别人的眼睛。当然，也并非说完全不看对方的眼睛。如果你始终避开对方的目光，很容易让对方产生其他的想法，引起误解。

三、表情——无声语言的灵魂

美国心理学家艾伯特·梅拉比安曾总结出这样一个公式：

信息总量 = 7% 言辞 + 38% 声音 + 55% 表情

表情语言在演讲中有极其重要的作用。任何演讲都离不开丰富的表情。没有表情，演讲就等于没有灵魂。

人面部的每种表情都传递着一定的信息，它往往是演讲者情绪变化的显示仪或思想表达的暗示器。

例如，一个人高兴时会"眉开眼笑"，"春风满面"；忧愁时会"愁眉不展"，"眉结不开"；羞怯、激动时会"双颊绯红"，"热泪盈眶"，这些

都起到了表情达意的良好作用。

在许多情况下，表情语言在一定程度上替代语言进行信息交流。双眉紧皱，嘴角下撇，就是说"真讨厌"；双眉紧皱，圆睁双眼，抿紧嘴唇，表示愤怒；双眉紧皱，双眼不停地转动，表示在思索；两人见面相视而笑，是彼此问候"你好！"因为，并不是在每个场合人们都用语言来交流。如你飞快地骑着车，偶遇熟识的朋友，这时只需彼此点头相视一笑，就达到了语言问候的效果。同时，有的场合还不适合用语言来交流。在某些特殊情况下，无声的表情比有声语言更能够传达思想感情。如在追悼会上，你悲痛的表情，比大声说"我悲痛万分、悲痛欲绝"要好上十倍。

在很多时候，人们为了传达完整的思想内容或准确的信息，往往把有声语言和各种表情默契配合，用"颜"上之意进行补充说明。

表情语言还能给彼此造成一定的心理影响。例如在演讲中，听众露出惊讶或兴奋的神色，演讲者便会非常得意，他知道他所讲的内容已经吸引了你，同时，他会对你产生好感；如果你的表情冷淡或不以为然，这会打击他的激情和自信心，也会破坏双方的感情。不过高明的演讲者，他会通过观察到的各种表情作出相应的调整，及时采取各种相应的措施，以保证演讲的成功。

第三节 演讲控场技巧

控场，就是演讲者在整个演讲过程中都能把握主动，对现场情况实施有效控制。无论发生什么事，都能应付自如，使演讲得以顺利进行并收到预期效果。只会演讲而不懂控场技巧，不是一个合格的演讲者。

一、控场技巧的技能方法

（一）亮相得体

应以什么样的姿态与听众见面，这就是亮相问题，也就是演讲者气度的显示。亮相得体，气度非凡，演讲者尚未开口，已吸引了听众注意，对场面进行了有效控制。

一般说来，演讲者在出场时要器宇轩昂、洒脱大方，切不可萎靡不振或慌慌张张。出场时应以精神饱满的姿态面视听众，同时以大方平稳的步伐走向讲台。走时切不可将手插入衣袋，或手背身后，更不可边走边搔脑袋，捻耳垂，揉眼睛等。

演讲者登场，听众一般要鼓掌欢迎，这时，有经验的演讲者会伸出双掌，掌心向着听众，并不住地左右摆动，或者也鼓掌回敬，但不要边走边用一只手摆动致意。

走到讲台前站稳后，如果掌声未落，演讲者应再次伸出双手，鼓掌回敬。掌声平息后，不要仓促开口，应该先静立几秒钟，面带微笑，用亲切的目光扫视全场，待全场听众的目光全部集中在演讲者身上，立刻停止各种动作，3~5秒钟后，全场安静，再开口演讲，亮相即到此。

（二）脱离讲稿

眼睛是重要的交际工具之一，它具有传递信息、情感、意向等作用。在面对面的交谈中，眼睛有其特殊的表现力和感染力，研究表明，演讲者的目光与听众的目光相接触达到该演讲时间的70%以上时，其演讲获得听众的信赖、喜欢或激发其兴致的可能性便愈大。为此，脱离讲稿，才能有更多的时间看着听众，其演讲效果远比照本宣科的报告要好得多。

脱离讲稿，眼睛就能注意到听众情绪的变化，演讲中演讲者要用自己敏锐的眼睛，洞察秋毫，察言观色，随时发现听众的思想情绪、心理变化及听讲的兴趣。通过这样的审视，演讲者可随机应变，采取补救措施，把听众的注意力牢牢控制住，使那些不注意听讲的人能注意听讲，使那些冷淡的人热心起来。反之，不脱离讲稿，眼睛就无法观察听众的反应，对全场的各种情况视而不见，一意孤行地讲下去，是无法有效控制场面的。

（三）变换节奏

变换节奏可避免平铺直叙的枯燥与沉闷，从而避免听众的注意力涣散。

我国古代《礼乐记》说："节奏，谓或作或止，作则奏之，止则节之。"美国的理查德·波列斯拉夫斯基说："节奏是一件艺术品中所包含的各种不同要素的有秩序、有拍节的变化——而这一切变化一步一步地激起欣赏者的注意，始终如一地引导他接近艺术家的最终目的。"据此，邵守义先生在《实用演讲学》一书中为演讲的节奏定义：演讲的节奏，就是演讲中的一切要素有秩序，有节拍的变化。

演讲中，声调的抑扬顿挫，表演的动静间歇，结构的疏密起伏、速度的快慢行止、情感的浓淡急缓，这诸多因素根据内容与情感表达的需要，相互交替着，衬托着、呼应着，有秩序、有节拍地变化着，形成了演讲鲜明的节奏。假若演讲没有节奏，或节奏缺少变换，结构平庸、松散，声音呆板、平淡，情感淡漠、单调甚至麻木，整个演讲没有紧张徐缓之分，没有急促轻松之别，总是一个调，没有变化，这样没有节奏或节奏缺乏变换的演讲是不能始终吸引听众注意的。时间一长，就会导致讲者节奏缺少变换，听者情绪开始涣散，使讲者无法控场。

（四）设置悬念

每个人都有好奇心，只要演讲者抓住了听众的这个共同特点，巧妙地设置悬念，演讲者就能始终吸引听众注意，牢牢抓住听众兴奋点，自始至终牵着听众走，达到有效控场的目的。

但是，演讲者不是故事员，故事员可以设置一连串的情节、环环紧扣、悬念迭起，而对结局却又秘而不宣。演讲者不能讲故事，但演讲者可以根据内容主题的需要，尽可能运用技巧，巧妙设置悬念，控制听众。世界著名电影导演希区柯克是一位"悬念大师"，他不仅在电影中善于设置悬念，在他的演讲中也很善于运用这个技巧。比如，在他80大寿的祝寿酒会上，在100多位影人为希区柯克高唱一曲《生日祝福》后，他举止从容地站起身来说道：

我到了80岁才发现，生命的特效药不是别的，就是恐怖。根据这个道理，对我来说，最好的生日礼物就是一个包装精美的恐怖。当我接到为我祝寿的请帖时，我立刻明白了：在这张普通的请帖上，有着我今后能得以再活许多年所需要的恐怖。

希区柯克一开头就巧妙地设置了一个悬念，立刻抓住了听众的注意力，听众心里都有了一个疑问，这张请帖怎么会是恐怖呢？接着，希区柯克才用他特有的手法揭开了这个秘密：

好莱坞的祝寿是"欺骗"，所以，当我按照这个规律收到请帖时，我不能相信它，我想：这不是祝寿，而是在告别。因为美国西部片影星约翰·韦恩，美国著名歌唱家、电影演员平·克劳斯贝等人都是在好莱坞祝寿酒会后不久故去的。"

人们这才恍然大悟。

演讲者在演讲中设置悬念有两大忌：一忌远离主题，不应另设悬念而设悬念，偏离主题，偏离演讲的基本内容。二忌故弄玄虚，哗众取宠。

（五）遇乱不惊

在通常情况下，除即兴演讲外，演讲者对听众、演讲场合事先都有一定的了解，演讲内容都是经过精心准备的。但是，及至临场时，由于各种原因，演讲的场面（场内气氛、秩序、听众的情绪、注意力是否集中等

等）常常是有变化的。这就需要演讲者处变不慌，遇乱不惊，因势利导，依照场面的变化随机应变，调整演讲内容。这样，才能有效控场，收到事半功倍的效果。

演讲者要积极驾驭场上气氛和秩序，使之向有利的方向发展。

二、特殊场面的控制技巧

（一）出现冷场及其控制技巧

冷场是指在演讲过程中，听众对演讲毫无兴趣，反应冷淡，出现交头接耳、打瞌睡、看书报、心不在焉、陆续有人退场等情况。对冷场的控制有三种基本技巧：第一，变换话题。将原来准备的演讲内容弃置，针对现场听众感兴趣的内容作即兴演讲，以调动听众情绪。第二，运用幽默。以逗笑、提神的话语、神态、动作、语调等调整听众情绪，活跃现场气氛，吸引听众注意，待现场气氛活跃后，再接着原有思路讲下去。第三，缩短内容。将原有内容做调整或压缩，只挑选精彩、关键之处讲，从而减少冷场时间，甚至变"冷场"为"热场"。

（二）出现搅场及其控制技巧

搅场，就是在演讲过程中出现有人故意捣乱的情况，如喧哗、嘲笑、喝倒彩、吹口哨、瞎鼓掌、起哄，乃至喊口号等等。产生搅场的原因有三：一是有听众带着敌意故意找岔子，存心与你作对；二是演讲水平不高，满足不了听众的期待，引起反感；三是演讲的内容不合听众口味，引起他们烦躁。演讲者必须针对不同情况实施有效控制。对第一种情况，演讲者要坚定信心，处之泰然，从容不迫，坚信真理终将战胜谬误，正义必定战胜邪恶，从而以韧性精神坚持到底。对第二种情况，演讲者除了要提高自己的演讲水平外，在临场时，要注意和善迎人，谦虚谨慎，自我剖析，真挚坦诚，坚信精诚所至，金石为开，用诚恳与努力来赢得听众的理解和尊重。对第三种情况，需要对症下药，或调整内容，或临场发挥，或改变表达方式，以此让搅场者收敛不敬之心、不规之举。

（三）出现侵场及其控制技巧

侵场是指在演讲过程中，突然有某种外在因素侵入现场，如停电、麦克风发出异响、场外雷雨大作、露天演讲下起雨来等，给演讲的顺利进行造成不利影响。侵场常常是无法意料的，它的发生可能会引起听众情绪的波动或现场秩序的混乱。但既然发生了，演讲者就不能回避它，而必须实施有效控制，控制的技巧主要有：第一，沉着镇定，主动适应。侵场是意外事件，出现后应该不慌不乱，冷静处理。如出现停电，稍作停顿后如果仍然没来电，可以讲个笑话，说点闲话，稳定现场秩序；如果外面雷雨大作，可以提高音量，加快语速，让听众聚精会神于演讲内容。第二，巧借妙用，临场现挂。如，一位奥斯卡奖获奖者上台领奖时，不小心被绊了一下，差点摔倒，只见她不慌不忙地对着话筒说："大家已经看到，我今天能登上这个领奖台，该是走过了一条多么艰难曲折的道路！"话音一落，掌声一片。第三，幽默风趣，轻松化解。如麦克风发出怪叫声时，演讲者可以稍作停顿，微笑着说："对我的话，台下这么多朋友都没有意见，你倒叽里呱啦提起意见来了！"

（四）出现难场及其控制技巧

难场就是在演讲过程中，有听众对所讲观点有疑问，不赞同，不理解，甚至出现相反的意见，并且当面提出质疑和反驳。对于这种情况，演讲者切忌发火、生气、抵触，或者不予理睬，拒绝回答，甚至令其离开，与之争吵。正确的做法是：尽己所知，认真回答，耐心解释，尊重对方，负责地阐述自己的观点，解答对方问题，只要不涉及机密或隐私，都不应该"环顾左右而言他"，也不宜用"无可奉告"之类的话搪塞对方。如果确实回答不了，应该老老实实地表示歉意，或留下另行探讨的话，或者主动提出演讲结束后与对方个别交流。以这样一些方式来化解难场，让自己迅速摆脱窘境，顺利完成演讲。

第四节　让你的演讲别出新意

演讲的成功首先要靠新颖的内容、独到的见解，而在演讲中常常会有老话重提的问题。特别是那种命题式或半命题式的演讲，大家讲的同一主题或同一范围的话题，很容易彼此雷同，时间长了，听众也容易因司空见惯而产生厌倦情绪，出现"审美疲劳"。如何使你的演讲别出新意呢？这里介绍几种应对技巧。

一、以精彩的开头紧紧抓住听众

讲老话题不像新话题那样有吸引力，如果开头的二三分钟抓不住听众的心，听众便会走神。其实，不管多么老的话题，当演讲者刚走上讲台时，听众总会有瞬间的新鲜感，你就应当设法抓住这种稍纵即逝的契机，找到一个妙趣横生的开头，以避免或延缓听众厌倦情绪的出现，为成功奠定基础。譬如，在一次演讲赛上，前面已经有许多选手讲过了，临到最后一位上场时，观众有些坐不住了。这位选手上场的第一句话便说："该讲的前面的老师都讲了，我是上台来打句号的。不过在句号未划圆之前，我还想先打个问号……"这样的开场白很有特色，马上引起了听众兴趣。精彩的开场白最好是在撰写讲稿时就事先准备好。

二、在习以为常的思维套路中选择巧妙的切入点

演讲要选择好切入主题的视角，特别是讲老话题或同题演讲时，更要

避免按人们所熟知的套路去说，而要善于找到新的切入角度，以便使人在习以为常的讲法中听出与众不同的味道。譬如，要讲"学习雷锋精神"这个题目，你在准备讲稿时，不妨这样来入题，先不作评价，只对雷锋的具体事例作一些白描式叙述，然后再似贬实褒地写道："雷锋的所作所为，不像陈景润摘取数学皇冠上的明珠那样，需要渊博的知识和超人的智慧，也不像董存瑞炸碉堡、黄继光堵枪眼那样需要献出生命，谁愿做，谁想做，都可以做到。不过……"这样的思路，就会使人觉得比较新鲜。

三、在众口一词的结论中挖掘独到见解

无论是命题演讲还是非命题演讲，你所讲述的道理一般都是带普遍性的，或是人所共知的，其话题中往往会有很多现成的、公认的，甚至是经典的结论。你在做演讲准备时可以对现成的结论再作一番思考和挖掘，从而独辟蹊径，见常人所未见，发常人所未发，提出新的见解。当然，这种独到见解不是故作惊人之语，信口开河，也不是说所有现成结论都要推翻，而是说你必须讲出言之成理、持之有故的真知灼见。

例如，某校举办"爱我神州"演讲赛。演讲者个个激情满怀，把我们伟大祖国上下五千年的辉煌历史尽情讴歌，几乎无一不谈及雄伟的万里长城，领先世界的四大发明，以及文明卓著、地大物博等等。一个一个如此讲下去，观众和评委都感到有些疲劳和厌倦。轮到最后一个上台了。可他一开口，便让会场气氛改观了。他说：

老师们同学们，前边的老师和同学对我们伟大祖国悠久的文明史，雄伟壮观的长城和给世界文明带来飞跃发展的四大发明进行了充分的讴歌。听着这些，我们不能不承认，我们祖国拥有这一切，的确令人自豪，感到神圣和可爱。（说到此，他突然把声音提高八度）但是，我认为，只有这些还不够！因为，长城尽管又高又长又厚，却没能挡住侵略者的铁蹄！指南针是我们祖先的发明，却引来了武装到牙齿的侵略者，引来了帝国主义的战舰，引来了毒害中国人民的鸦片！火药是我们中华民族智慧的闪耀，但却使外国强盗刀剑换枪炮，争我家园国土，奸杀我华夏同胞！至于洁白

纸张的创造，正好方便列强与我签订种种不平等条约，写下丧权辱国的几十上百条……（此时，他开始激动了）是的，我们的祖先，曾是何等荣耀！我们的祖国，曾是怎样的富裕、强大过！但是我们又清楚地知道，这一切终归是祖先的，是祖先的骄傲！我们，后世的炎黄子孙们，决无权力在祖先的功劳簿上沾沾自喜，大吹大擂！古话说，好汉不提当年勇，我们怎能忘记自己肩上的重任！（掌声）祖国，只有在我们的辛勤劳动中，在我们粗糙的大手中，变得在全世界范围内领了先，变得强大、富裕，才遂了我们的意，才称了我们的心！（热烈鼓掌）。

　　这段演讲之所以受到热烈欢迎，就在于演讲者在众口一词的结论中挖掘了新意，具有自己独到的见解。如果一个演讲者在准备演讲稿时便自觉地作创新式的思考，那他就有可能使自己的演讲自出机杼，别具新意。

第五节　演讲的注意事项与禁忌

成功的演讲，需要各方面的积极因素到位。下面就介绍一些演讲中的注意事项和禁忌。

一、演讲的注意事项

（一）善用空间

所谓空间就是指进行演讲的场所范围、演讲者所在之处以及与听众间的距离等等。演讲者所在之处以位居听众注意力容易汇集的地方最为理想。例如开会的时候，主席多半位居会议桌的上方，因为该处正是最容易汇集出席者注意力的地方。

反之，如果主席位居会议桌之正中央，则会议的进行情况会变如何呢？恐怕会使出席者注意力散漫了，且有会议冗长不休的感觉。因此，让自己位居听众注意力容易汇集之处，不但能够提升听众对于演讲的关注，甚至具有增强演讲者信赖度、权威感的效果。

（二）演讲时的姿势

演讲时的姿势也会带给听众某种印象，例如堂堂正正的印象或者畏畏缩缩的印象。虽然个人的性格与平日的习惯对此影响颇巨，不过一般而言仍有方便演讲的姿势，即所谓"轻松的姿势"。要让身体放松，反过来说就是不要过度紧张。过度的紧张不但会表现出笨拙僵硬的姿势，而且对于舌头的动作也会造成不良的影响。

当你成为发言对象，就应面带微笑，充满自信地站起来，挺胸收腹抬头，神态自如地用正常步态走到台前，然后面对众人静场片刻。定势沉稳，观众会眼前一亮，兴趣大增，也会使讲者受到感染。步态慌乱，大步流星，上台没站稳就讲话，动作缓慢，手足无措，含胸低头，都给人留下不好的印象，讲者自己也缺乏信心。下台时，也应仪态大方，直至落座。

演讲时要做到姿态端正，挺胸收腹抬头，自然站立，双手下垂，目光亲切自然。如果情绪紧张，要张开双脚与肩同宽，挺稳整个身躯，也可以将一只手稍微插入口袋中，或者手触桌边，或者手握麦克风等等。

（三）演讲时的视线

在大众面前说话，亦即表示必须忍受众目睽睽的注视。当然，并非每位听众都会对你报以善意的眼光。尽管如此，你还是不可以漠视听众的眼光，避开听众的视线来说话。尤其当你走到麦克风旁边，站立在大众面前的那一瞬间，来自听众的视线有时甚至会让你觉得刺痛。

克服这股视线压力的秘诀，就是一面进行演讲，一面从听众当中找寻对自己投以善意而温柔眼光的人，并且无视于那些冷淡的眼光。此外，把自己的视线投向强烈"点头"以示首肯的人，对巩固信心来进行演讲也具有效果。

（四）演讲时的脸部表情

演讲时的脸部表情无论好坏都会带给听众极其深刻的印象。紧张、疲劳、喜悦、焦虑等情绪无不清楚地表露在脸上，这是很难由本人的意志来加以控制的。演讲的内容即使再精彩，如果表情总觉缺乏自信，老是畏畏缩缩，演讲就很容易变得欠缺说服力。控制脸部的方法，首先"不可垂头"。人一旦"垂头"就会予人"丧气"之感，而且若视线不能与听众接触，就难以吸引听众的注意。另一个方法是"缓慢说话"。说话速度一旦缓慢，情绪即可稳定，脸部表情也得以放松，再者，全身上下也能够为之泰然自若起来。

（五）有关服饰和发型

服装也会带给观众各种印象。尤其是东方男性总是喜欢穿灰色或者蓝色系列的服装，难免给人过于刻板无趣的印象。轻松的场合不妨穿稍微花俏一点的服装来参加。不过如果是正式的场合，一般来说仍以深色西服、男士无尾晚宴服，以及燕尾服为宜。其次，发型也可塑造出各种形象来。长发和光头各自蕴含其强烈的形象，而鬓角的长短也被认为是个人喜好的表征。站出来演讲之际，你的服装、究竟带给对方何种印象？希望各位好好地思量一番。

（六）声音和腔调

声音和腔调乃是与生俱来的，不可能一朝一夕之间有所改善。不过音质与措辞对于整个演讲影响颇巨，这倒是事实。根据某项研究报告，声音低沉的男性与声音高亢的男性相比，其信赖度较高。因为声音低沉会让人有种威严沉着的感觉。尽管如此，各位还是不可能马上就改变自己的声音。总之，重要的是让自己的声音清楚地传达给听众。即使是音质不好的人，如果能够禀持自己的主张与信念的话，依旧可以吸引听众的热切关注。说话的速度也是演讲的要素。为了营造沉着的气氛，说话稍微慢点是很重要。标准大致为 5 分钟三张左右的 A4 原稿，不过，此地要注意的是，倘若从头至尾一直以相同的速度来进行，听众会睡觉的。

二、演讲中的禁忌

演讲是一门艺术，要想提高演讲水平，不仅要正面了解"必须怎样"，还要从反面了解"不该怎样"。演讲者应在演讲中充分考虑听众对象，杜绝无用的客套话，使演讲水平得到提高。

（一）忌豪言空谈

空谈是言之无物、空空洞洞的表达。现实中那些不结合当时、当地的实际的空头言论太多了。有的单位一年一度的总结会，会议的开幕词用的是陈年的演讲稿，只把第一届改成第二届、第三届或第四届，内容照旧，年年如此，这就是空对空的典型例子。

（二）忌杂乱无章

有的人演讲材料过于庞杂，讲起来像开无轨电车，开到哪里，算到哪

里，叫人摸不着头绪。还有的不合逻辑，妄加论断；或者不顾事实，主观臆断。上得台来，不问青红皂白，哇啦哇啦一通，这也是某些官僚主义的病症。

（三）忌冷漠乏味

有的人演讲时毫无表情，呆若木鸡，甚至肌肉紧绷，脸色铁青。缺乏演讲情趣，语言冷淡，没有抑扬顿挫、真情实感，演讲乏味，如同嚼蜡，叫人怎么不打瞌睡！

（四）忌艰涩冗长

有人演讲用的是书面语言，使人感到艰涩难懂。毛泽东曾批评这种现象，说："一个演讲，颠来倒去，总是那几个名词，一套'学生腔'，没有一点生动活泼的语言，这岂不是语言无味，面目可憎，像个瘪三么？"因此，要尽量避免使用书面用语，更不要"文夹白"，要用口语，善于用简单明了、群众易懂的语言演讲，坚决抛弃晦涩难懂的词语。文章贵短，演讲也应该长话短说。

（五）忌失言失态

有的演讲者老带"口头禅"，诸如"啊"、"是吧"、"怎么样"、"那么"，等等。演讲要讲效用，"口头禅"成堆，"啊啊"连篇，让人听了也为他感到难受，只能起消极作用。有的人演讲不了解听众的职务、水平，不注意会议的环境和背景，甚至不顾及本人的身份和在会议上的地位，这就难免在内容、措辞、语气、口吻等方面不妥善、不贴切、不礼貌、不恰当，这是必须加以注意的。

（六）忌故弄玄虚

托尔斯泰说："真正的艺术永远是十分朴素的、明白如画的，几乎可以用手触摸到似的。"

演讲要力求语言通俗化、口语化，如不考虑听众的接受能力，而用那种文绉绉、酸溜溜的语言，就既不亲切，又艰涩难懂，往往事与愿违，弄得不好，还会闹成笑话。随着时代的变迁，人们现在的语言习惯也有了很大的改变。

古代的不少词汇已逐步淘汰，弃之不用。如形容人面貌的"面如冠玉"、"樱唇一点"等，如今不会有人再用了。皇帝自称"朕"、"寡人"，称他人为"爱卿"，还有"令尊"、"令堂"、"令爱"之类的称谓，现在再用，就有不合时宜之嫌了。

演讲用文言文的时代早已过去，有的人在演讲中使用文言，卖弄学问，故显高雅，这种以艰涩之词惑众的人，没有市场了。因为用晦涩难懂的话，必须让人费心揣度，势必影响听的效果。而且听众文化素养有很大差别，应该"就低不就高"。所以，对广大群众演讲，更应该明白晓畅，通俗易懂。那种用"请恕冒昧"之类的话就未免是故作"高雅"，听众未必喜欢。

法国大雕塑家罗丹说："用铅笔画些花样，用色彩涂些炫耀的焰火，或是用古怪的文字写些光彩的句子，这些空头作家，就是世界上最机巧的人，然而艺术上最大的困难和最高的境地，却是要自然地，相互地描绘和写作。"这句话对演讲的语言使用也完全是适用的。

（七）忌方言俚语

演讲按照内容的需要，针对不同的对象，应使用不同的语言形式。但要注意，由于我国幅员广大，方言众多，欲使演讲通俗易懂，明白晓畅，交流顺当，还有个改变家乡音，推广普通话的问题，否则就会出现语言障碍。因为一个国家语言标准化、规范化的程度，往往反映这个国家的文明程度。在演讲中，应尽量少用或不用方言俚语，免得出现不合时宜的"土相"。

附录　优秀教师演讲稿

拨动学生的心弦

佚名

各位领导、各位老师：

就让我从参加的一次活动说起吧。今年四月，我去苏州参加全国中语会苏鲁豫皖教学研究中心年会，有幸听了一位来自山东的语文老师的一堂课。当时课堂设在一家剧场的舞台，台下是参加会议或观摩的老师，台上是上课的老师和学生。为保证音响效果，这位老师手持一只话筒。与其他几位讲课教师不同的是，她从不去翻看课本、备课笔记，在讲台前、课桌间自由走动，时而配乐朗读，时而即兴板书，时而激发学生想象，时而启发思考，从容地与学生交流，像节目主持人那样娴熟自如，师生配合得那样和谐、完美，给包括我在内的每一位听课者留下了很深的印象，使我想了很多很多。

当迈向新世纪的钟声敲响之际，我作为一名立身于重点中学的语文教师，深感无限的自豪，又觉责任的重大。我校提出的"素质教育、科教兴国、争创全国示范性重点高中"这一串烙满时代教育印记的鲜明口号，回响在我们耳际，震撼着我们的灵魂。

然而，要实现这个目标，要让贫瘠的土地上长出绚丽的鲜花，结出累累的硕果，要让学生成为未来社会的建设者和创造者，我们首先必须做到的是：立足于讲台，开拓教室的空间，用新鲜的活水浇灌求知的心灵，用灵动的智慧的音符去弹奏学生的"心灵之乐"。

45 分钟的课堂教学,是我们塑造灵魂、传授知识、培养能力的前沿阵地,也是我们发挥才智、谱写青春事业华章乐彩的立体大舞台。为什么我们有时满腔热忱地走进课堂,但有的学生听课却是提不起精神,恹恹思睡?为什么我们有时花大力气备课、教课,尽力去完成教学任务,而效果依然不理想?为什么我们把自以为好的东西塞给学生,毫无保留,学生的能力却依然平平?这其中固然可以找到多种原因,但我觉得重要的一点,恐怕是我们所教的内容,所采用的方法,还没能和学生心中的弦对准音调,没有能在学生心中弹奏。

教师是学生心灵的耕耘者,教课就要教到学生的心上。如果我们不研究学生对语文课的要求,不去激发学生的学习兴趣,怎么能在学生心中留下深深的痕迹呢?

前人说得好:"删繁就简三秋树,领异标新二月花。"在未来的教学中,我们必须从传统的注入式、填鸭式的框框里跳出来,不要担心讲解有什么遗漏,摒弃面面俱到的做法,根据教学目标、教材特点和学生掌握知识的程度来取舍、剪辑教学内容,就会感到春风拂面,别有洞天。比如景物描写,是许多散文的共同点,如果篇篇必讲,泛泛而谈,从初中到高中老是重复一个声调,学生怎么会不腻烦呢?如果我们指出景物描写的个性:有的勾勒,有的工笔;有的动静交融,有的疏密有致;有的如水彩,恬淡明丽;有的如油画,浓墨重彩,光感质地清晰。学生就会感到兴奋,感到新鲜,感到求知的愉悦。

让创造性思维在课堂教学中散发魅力,是优化教学模式的突破口。我们要突破文路、教路、学生学路一条线的传统课堂模式,不断注入活水,使教学常教常新。有些课文按顺序展开,我们不妨来个倒教顺理,中间开花,一下子将文章的精华提炼出来。有些文章篇幅太长,我们不妨迅速切入中心,辐射全文,做到纲举目张,又何必慢吞细咽,浪费时间呢?

让学生走进艺术的殿堂,将美育的因子渗透于教学的各个环节,使学生乐学、乐美,得知识受陶冶,是未来课堂教学的一个崭新命题。语文教学用的是生动优美的语言文字,读的是丰富多彩的美文佳作,在艺术渗

透、多媒体运用方面有着得天独厚的条件。在未来的教学中，我将用艺术开拓语文课堂的空间：以图画再现情境，用音乐渲染氛围，以表演体验情节，用对联串缀文意，培养学生的文化素养和审美情操，让美的艺术伴随着学生的成长。

"教，是为了不教"，这是现代教育家叶圣陶先生的至理名言，也是我们每一个教师必须追求的最高境界。这是一个需要开拓的、充满生机的时代。为了让我们的学生真正成为未来社会的新型人才，为了使我们的70年老校在世纪之交焕发崭新的生机，让我们在三尺讲台、一方黑板上绘制动人的五线谱，为学生弹奏美妙悦耳、经久不息的音乐吧！

谢谢大家！

优秀教师的演讲口才

唱出我心中最美的颂歌

佚名

我不是诗人，不能用漂亮的诗句讴歌我的职业；我不是学者，不能用深邃的思想思考我的价值；我不是歌手，不能用动听的歌喉歌咏我的岗位。然而，我是教师——一名中学英语教师，我要在我储存 English words 的脑海中采撷如花的汉语词汇，构筑我心中最美好的诗篇；我要用深深的思索，推演我心中最奥秘的哲理；我要用凝重的感情，唱出我心中最优美迷人的颂歌——我爱我的教师职业，我爱我的工作岗位。

记得在读师范的时候，我曾用少女特有的浪漫去设计自己美好的未来，用自己火样的热情和赤诚去描绘自己未来的事业。毕业时，我把玫瑰色的梦幻捆进简单的行囊，带到工作岗位去寻求梦幻的人生。

然而，现实并不像伊甸园的菩提果那般完美和甜蜜。当一个班的班主任和三个班的英语教学的担子沉沉地压在我并未完全成熟的肩头的时候，当一个个不谙世事、淘气调皮的孩子站在我面前扮鬼脸、耍滑头的时候，当涉世未深、对教育教学规律知之甚少、对困难艰辛估计不足的我却要去开导刚脱去小学校服、对世事似懂非懂但又迫切要求弄懂的初一学生的时候，我才真正体验到了教师平凡生活的滋味，体验到了其中的艰辛和压力。

这时，我苦恼过、迷惘过；苦恼迷惘之后也曾动摇过、退却过。但有一件事深深地触动了我，使我从迷惘中寻回了自我，在退却时坚定了初衷。

有一次，我感冒了，放学后骑单车去医院看病，在十字路口不小心碰了一个年轻人。在我还来不及向他赔礼道歉时，他便咆哮起来，凶狠的神态叫人望而生畏。此时的我就像一只等待宰割的羔羊吓得瑟瑟发抖，蛮横与粗野的拳头眼看就要落到我的身上。这时，从围观的人群中钻出了我班一个淘气的小同学，他用他那尚未发育成熟的身躯遮护在我的胸前，用他那天真无邪的眼睛紧紧地盯住对方的眼睛，用他那幼稚的童声打断了那满口的脏话和野话："她是我的老师，我不准你伤害她！要打冲我来好了！"不知是孩子纯洁的童心感化了那个年轻人还是他自己良心发现，他挥舞的拳头慢慢地放下，喷火的眼睛慢慢地熄灭，起伏的胸脯慢慢地平静，然后转过身走出了人群……这时，委屈的我抱住我的学生孩子般地哭了，哭得那样伤心，那样动情。我们的泪流到了一起，心贴在了一起……是的，孩子幼稚，但他们能分清善恶；孩子淘气，但他们懂得怎样保护自己的老师；孩子顽皮，但他们有一颗诚挚的金子般的心。

　　一下子我仿佛进入了一个从未经历过的世界，这世界是那样纯情高雅和真诚。在这个世界里，面对这样的孩子，这样的学生，我还有什么理由不去尽心尽力地培育他们、引导他们？还有什么理由不去为他们作出奉献和牺牲？我在心底发誓，不为别的，就为那位天真无邪的孩子和与他一样天真无邪的学生，我也要继续干下去，把工作干好，干出成绩来，不求轰轰烈烈，但求踏踏实实；不求涓滴相报，但求青春无悔！从中我得到的是别人无法体验的却又是人人追求的幸福！

　　从那以后，我风雨兼程，日夜兼程。十几年来，我忘我地工作着，一刻也不停顿地在学生贫乏的心灵中撒播知识的种子，在学生天真的童语中移植科学与文明的基因，在学生不成熟的骨骼中浇铸理想和信念，在学生平凡的生活里融入快乐和歌声，在学生心灵的世界中构筑另一个世界。我尽情无私地奉献着，即使在我最需要人照顾的时候也不放弃这种奉献。

　　去年上学期，我因胃大出血倒在讲台上，女同学吓得哭了，男同学把我送进医院急救。当时，我爱人在乡下挂职锻炼，学生走后，便只有8岁的女儿守在床头为我端水送药。傍晚，昏黄的灯光照耀着空荡荡的病房，我的心也失落落空荡荡的。学生就要毕业了，一刻光阴值千金，我怎能安心躺在医院里呢？当学校领导前来看望我、宽慰我静心养病时，我再也按捺不住，拔掉针头，拿起口服药便回到了学校。

第二天，我带着病中的虚弱毅然走上讲台，同学们用热烈的掌声欢迎了我，就像欢迎一位来访的国家元首。此时此刻，我再也无法抑制自己的感情，任泪水簌簌地滴落在讲台上，融汇在同学们热烈的掌声里。我从这泪水和掌声里又一次强烈地体验到了人生最大的幸福，一旦拥有这种幸福，一生则别无他求！

一份春雨，一份秋实；一份汗水，一份收成。十几年中，我连续9年为学校挑起了初中毕业班英语教学重担，送走了1000多名初中毕业生。他们有的步入了社会，有的进入了高一级学校的大门，有的正在长成参天大树，有的已经成为了社会的栋梁和精英。特别是在去年中考中，我所教班级的英语成绩以人均80.1分在全县名列前茅，所教两个班的升学率、合格率、优秀率在全县名列第一，为学校争得了荣誉，也为自己赢来了名声。

追求永无止境，奋斗永无穷期。我要在新的起点、新的层次上，以新的姿态，展示新的风貌，刷新新的纪录，创造新的成绩，来报答人民母亲对我的培育之情和养育之恩。

肩负起山村的希望

佚名

同学们：

我是一个从大山沟里走出来即将成为教师的学生。父母给了我山的骨架与肌肉，而教师却给了我成长的乳汁和粮食。我的家乡是一个贫穷的山沟沟，陡峭如削的山崖，崎岖险恶的山路，曾令许多教师望而生畏，闻风而逃，甚至有的教师发誓："我宁愿不要工作，也不到那个穷山沟去！"贫苦的村民又多么希望山外的教师来这片贫困的土地上看看，来安慰山里孩子们那饥饿的心灵。

盼星星，盼月亮，终于盼来了我生命中的第一个老师——一个稚气未脱的师范毕业生。她有一个很好听的名字，叫马琅环。乡亲们则习惯地叫她马兰，说她像一束淡雅的马兰花，给穷乡僻壤带来了知识的温馨，带来了富饶的希望。

琅环是天帝藏书的地方。是马老师给了我这张通往琅环的"通行证"，是马老师的悉心教育使我开始了新的生活。我在知识的海洋中拼命地吸取，我的羽翼渐渐地丰满了，终于在乡亲们的期盼中，在马老师的殷切关怀下，我振翅飞出了山沟沟，考上了一所师范学校。

乡亲们都说，山沟沟里飞出了金凤凰，可担心故乡没有葱郁的梧桐树能把凤凰招回来。马老师没有说什么，却送给我一个笔记本，扉页上赫然写着"春蚕到死丝方尽，蜡炬成灰泪始干；蓬山此去无多路，青鸟殷勤为探看"四句话。我看罢，泪眼蒙。我是山的女儿，当然会回到大山的怀抱。那里有我白发的乡亲，有渴求知识的孩子，有一位无私耕耘的山村女教师，还有我整个家乡贫穷的根呀！

　　临行的那天，朴实的乡亲们用最热烈的方式为我送行。劈里啪啦的鞭炮声响彻了山村每个角落，大爷大奶们拄着拐杖来为我送行，含泪抚摸着我的头："娃呀，到了山外好好学，莫学坏；学好本领来教峰伢子、伟伢子他们，嗯？"我泪流满面，哽咽着使劲点了点头，在乡亲们依依不舍的目光中，我踏上了那条通往山外的路。

　　山外的世界真精彩，可我却从不敢耽误一分一秒的宝贵时间，天天勤学苦练，因为我知道我肩负的是一个山村的希望。

　　我永远不能忘记那个细雨霏霏的清明节，我百里迢迢地从学校赶到家中。临近毕业了，跟老师说好共同起草一份山村教育的论文。那天我多高兴呀，我又可以见到马老师了，又可以和她一起讨论问题了！

　　然而，当我踏进马老师的家门时，我惊呆了。眼前的情景令我心似刀绞般疼痛。马老师含笑的遗像正置于灵堂的中央。我发疯般地跪到灵堂前："马老师，您这是怎么啦？我们不是说好共同起草那篇论文吗？不是说好了，等我回来咱们一块教山里的孩子吗？可您现在怎么不说话呀？"

　　乡亲们拉着我，断断续续地给我讲述着那个令人心碎的故事：那天是星期三，是学校装上电灯的第二天。这两天孩子放学后总想在学校多呆会儿，只是为了多看几眼电灯泡发出的光。那天天黑了，马老师好不容易说服了学生们，让他们回家。可是，学生刚要动身，突然，倾盆大雨从天上浇下来。孩子们瘦弱的身躯在狂风中颤抖，孩子们惊慌极了。

　　马老师告诉学生："同学们，你们都各自回到自己的座位上去，大雨一过，老师就送你们回家！"就在那一刻，雷声轰响，教室里的灯突然灭了。孩子们在黑暗中屏住呼吸，片刻一个女孩终于忍不住大哭起来："老师，我要回家。这儿太黑了，我害怕！"其实，马老师又何尝不害怕呢？她毕竟是一个年轻的山村女教师呀，而且还面对着这么多的孩子！

　　可是，在孩子面前，她不能后退，她定了定神："同学们，有老师在，你们别怕，老师这会儿就去给你们把电线修好！你们呆在教室，谁也不许出去。等老师回来，嗯？"说完，她拿着手电筒，毅然地爬上了校门口那根电线杆上。

电，终于接上了。教室里传来孩子们的欢呼声。可是，就在那一刹那，"啪"的一道闪电，马老师永远倒在那根电线杆下，再也没有回到那间教室，再也没有回到孩子身边……

孩子们撕心裂肺般地喊着他们亲爱的马老师，山谷呜咽，却再也没有回音。

我泪流满面，紧紧地捧着马老师的遗像。老师，我多想告诉您，当年您送给我的"蓬山此去无多路，青鸟殷勤为探看"，不就是为了等我怀藏经卷回来吗？而今，我即将归来，可您却再也听不见我含泪的呼喊。老师，您忘了我们之间还有那么多的约定没有实现吗？老师您说话呀！

当我从马老师的沉沉悲痛中醒过来时，我的思想在超越旧俗，我的感情在升华纯净，于是，在毕业之际，择途之时，我不再犹豫，不再徘徊，有什么比一个民族的无能更令人心悸的呢？有什么比一个社会的落后更令人心痛的呢？有什么比一个国家的贫穷更令人悲哀的呢？没有，没有！挑起民族落后的担子，挑起国家贫困的担子，关键在于挑起贫困山区的教育事业！我有什么理由逃避贫困的山沟？没有，没有！渴望强盛的民族在等待，贫穷的村民在等待，清幽的马兰在等待，渴求知识的孩子也在等待！有等待就会有希望，我必须在等待的希冀中，让每一个等待都变成可人的现实，我必须像马老师那样，扎根山村，无私奉献。于是庆幸我选择了教育事业，我骄傲我能为祖国的基础教育像马老师一样生于幽谷的马兰花，把沁人心脾的芳香撒满山区，撒满人间！

讲台，我永远的依托

佚名

　　人们常用"人类灵魂的工程师"、"精神雕塑家"、"手执金钥匙的人"等闪光的词句来形容和赞誉教师，这些美喻鞭策和鼓励着教师努力进取，甘愿吃苦，乐于奉献，形成了人们常说的"教师精神"。这种精神铸成了教师淡泊名利、超然物外的气度与对讲台的一往深情。讲台，浸透着教师对学生的多少情和爱；讲台，凝聚着教师对教育事业的无比自豪和执着的深情。这正是师德、师魂之所在！我们不妨说，这正是师德的基础和前提。

　　在我的个人档案里，这样记载着我 14 年的工作历程：讲台—教育电视台—讲台。人生会有许多十字路口，每个人也自有其不同的经历和心曲。我 18 岁当教师，和许多老师一样，用青春在教育的"画卷"里绘上了最鲜明的色彩，写下了最灿烂的诗句。后来，县教育电视台招聘电视节目主持人和播音员，童年时代曾有过的梦想驱使着我去经受过关斩将的层层角逐，没想到我竟以第一名的成绩被录取了。显然，是教育这方沃土养育了我，我的成绩得益于 8 年教书生涯的磨炼，得益于长期校园文化的熏陶，教学竞赛、录像课、演讲等活动，清晰地留下了我成长中的一串串脚印。正如第斯多惠所说："教学对教师本人来说乃是一种最高意义的自我教育的学校。"讲台，使教师照亮了别人也升华了自我。

　　告别讲台时，我珍重地道了一声"谢谢！"这时，我仿佛听到了讲台的叹息："真的走了，还回来吗？正是出成果的时候，多可惜呀！"可我还是走了，带着说不清的眷恋，带着道不明的兴奋，尽管跨进电视台的光闪

闪的情绪也为此染上了莫名的惆怅与伤感。然而，电视台毕竟气象万千，我每天出现在荧屏上，不必再为备课改作业而废寝忘食了。

但是，人一辈子永远忘不了的还是自己的专业，每当电视台播放教学录像时，我的脚就像被粘住了似的，我会情不自禁地为教师精彩的语言叫绝，为学生满意的回答击掌，为充满童真稚气的表情发出会心的微笑……其实，这不由自主的一切正源于我对自己专业的那种根深蒂固的情感与依恋。不管我自己是否意识到，这份情愫并没有因为离开讲台而淡化。不知有多少次，我看着讲台发呆，曾经当过教师的老台长看出了我的心思，调侃道："傻丫头，这讲台不跟你的播音台一样吗？"是呀，一个教育电视主持人所应具备的卓越的口才、精湛的思想文化素养，不也正是一个优秀的教师所应具备的素质吗？也正因为如此，我在离别讲台5年后，重新站在讲台前的感觉竟是那样的熟悉，仿佛它始终与我同在。

离开故乡来深圳后，我面临着职业的重新选择。我常呆坐着，看夕阳西下，火车北返，几多忧郁、彷徨。那天晚上，我久久地伫立窗前，深邃的天空群星闪烁，这闪烁的星辰多像学生们调皮而又清纯的目光啊！我不由自主地打开相册，寻找昔日学生的身影，无意中翻到了一张绿盈盈的贺年卡。这是我曾教过6年的学生任毅在破格升入北京大学后寄给我的，上面写着："陈老师，我离开您快5年了，但我始终没有忘记您对我的教诲，没有忘记您教我的汉语拼音。现在，这里的同学都说我的普通话讲得好，我每次都是自豪地告诉他们：'这是我的小学启蒙老师教的。'……"也许，这只是一篇平淡无奇的短文，而在我，则成了一种启示和诱导，我从中看到了自己对学生的影响。正如布鲁纳所说："教师不仅是知识的传播者，而且是模范。"这小卡片让我读到了记忆中天真活泼的形象，读到了自己的业绩，读到了一个永不破灭的希望。

天底下还有比得到莘莘学子发自肺腑的感激和赞美更叫人快乐的吗？一缕眷恋的柔情，一股燃烧的热情萦绕着、激荡着我的心！也许，教育过程中由学生带来的酸甜苦辣在每一位教师的心里，都有一本说不完的故事，学生哪怕是道一声"老师好"，或者留下一个微笑，园丁们也会感到莫大的欣慰。这种甜美的感受并不在于毕业生的回报，而在于教书育人本身所蕴含的无穷乐趣，以及桃李芬芳时的满足感与成就感。正如孟子所云："得天下英才而教育之，至乐也。"一种昔日从教的美妙感与带有失落意识的幸福感驱动着我做出了重返讲台的抉择。我庆幸，校园重新选择了我，讲台一直在等着我。于是，我又踏上了这由智慧、情感、信念、理想融汇成的三尺讲台。

不知有多少人问过我："从教育电视台回到讲台，你是怎么想的？"可以说，教育电视播音员与节目主持人做的也是为人师表的工作，每天都有成千上万的观众领略他们的风姿，倾听他们的声音。我乐于接受作为一个电视主持人在才学、气质、智慧、品貌等诸方面的挑战，同时，出众的荧屏形象与高超的节目主持艺术更是我仰慕的境界。不必讳言，我喜欢面对成千上万电视观众的那份喜悦与惬意，然而，我更喜欢讲台下圣洁无瑕的孩子们那真诚的信赖与渴求知识的目光，喜欢讲台那道独特的诗意盎然的风景线。

跨上讲台，你就成了孩子们眼里的百科全书，成了孩子们心中的鲜红太阳，你会沐浴到人间最温暖的春风和雨露，体验到世上最珍贵的情谊和友爱。我崇拜讲台的高尚圣洁，在这里，你会生出一种无言的神圣与庄严；我景慕讲台的淡泊宁静，在这里，你会有一种摆脱了世俗喧闹的踏实与坦然；我感谢讲台的养育与磨炼，在这里，你会有一种自我升华的愉悦。育我者，讲台；成我者，讲台！讲台，将永远是我心灵的归宿与依托。三尺讲台，融进的是辛劳，是陶醉，融进的是师德，是师魂。

讲台，神奇的土地；讲台，魂牵梦绕教师魂！

教师，不要让你的事业清贫

佚名

　　说老实话，在中学寒窗苦读的时候，我的理想原本不是当老师。可高考时，仅比预想中多错了一个填充题，这一小小的区别，就把我欢送到了师范，就把我多年五彩缤纷的律师梦变成了实实在在的泡影。我想在座的青年同行中，和我有同等经历的不会很少。记得当时有个同学这么长叹一声："上了师范就等于上了贼船。"还有人讥讽道："我宁愿上贼船也不愿上师范。"

　　是啊，我想，如果仅从功利角度讲，贼船烧杀抢掳，吃香喝辣，所到之处还令人闻风丧胆呢。即便是栽了，臭名昭著，也算"潇洒走一回"了。而教师这一行呢，老话说，"家有半斗粮，不当孩子王"，为人师者的生活窘迫由来已久。吃得清淡，穿得素淡，出去办事遭人冷淡，就像蜡烛，一生半明半暗。充其量，只是一个破落的四处漏风的却又载歌载舞的大篷车。其风光哪能与"贼船"相比？于是不少同行感慨："我是搭错车了。"而窗外却变幻着扑朔迷离的现代风景。经商、大款、股票、汽车、别墅、日益膨胀的高消费……就像是一只只诱惑的手，拉扯人们易动的心。于是有许多人以各种各样的借口放弃了自己的专业，趁机跳槽了；于是个别人借商潮来临之际，利用学生拉起利益的关系网，像一只戴着红校徽的大蜘蛛捕捉网上的猎物；于是还有一部分人虽然身在课堂，心却在游荡，工作敷衍了事，做一天和尚撞半天钟。他们认为，金钱薄待了他们，而他们因此薄待了学生，薄待了自己的事业。

　　校园不再平静，讲台不再圣洁。

但我们同时也更看到，无论是过去，还是现在，抑或是将来，无论是物质贫乏的年代，还是物欲横流的岁月……仍然有数不尽的教师们无怨无悔，像春蚕、像蜡炬，用自己的青春和生命来捍卫这个职业的圣洁。也正是他们用自己的行动，用自己生命的痕迹激励着我们这些后来人，这些同行们，让我们由不情愿到情愿，由情愿到全身心地热爱这个工作。因为，生命的意义远不止于功利。"人吃饭是为了活着，但活着绝不是为了吃饭"。生活中许多微小中藏有博大，短暂中孕育永恒，而教育正是这样一种职业。

昔有"捧着一颗心来，不带半根草去"的陶行知，他曾出访海外26国，却满怀一腔热血布衣草鞋走向晓庄，让中国的教育在贫困中放出曙光。今有住着泥房子、用着泥桌子、教着泥娃子的半农半教的民办教师群，更有用自己可怜的工资为学生垫付书本费却又因交不起自己的医药费而郁郁而死的山区教师……

他们有的名垂青史，但更多的却像山上的小草一样默默无闻，随风逝去了无痕。但是，正是他们树起了万世师表，无边师魂，擎起了我们教育行业的灯塔。若与他们相比，我们便又会感觉到，我们的生活其实是富足的，而事业上恰恰又显得那么"清贫"。

工作至今，我已在讲台上站了6个年头。风风雨雨，酸甜苦辣，为人师者的种种滋味尝遍过后，我愈来愈感觉到，自己离不开这个职业，这个职业也需要我。我们是职业中学，学生素质普遍不高，每当我看到孩子们因为无知而显得世故，因为幼稚而感觉空虚无聊的言行举止时，我常意识到自己的责任之重。我曾被学生骂哭过，我崭新的摩托车曾被学生用刀片划破后座，我的宿舍门上曾"装饰着"学生的粗暴的脚印……这一切都没有使我灰心气馁，没有像朋友们讥讽和挖苦那样联想到自己微薄的工资值不值。那个时候，我只想到有苍白的灵魂需要我们去拯救、去塑造、去描绘。古人云："一年之计，莫如树谷；十年之计，莫如树木；终身之计，莫如树人。"塑造灵魂这一神圣的使命是金钱所无法衡量的，我庆幸命运赐给了我这个职业。而几年后，那些走出幼稚成熟起来的学生们如桃李芬芳一样的时候恰恰证明了这点。

孔子说过："其身正，不令而行。其身不正，虽令不从。"许多做人做事的道理，我在说服学生的同时，何尝不是在说服自己。以身作则，为人师表，摆正事业与金钱的位置。

朋友们，同行们，无论是这个职业选择了你，还是你选择了这个职业，我们都应该无愧于"教师"这个称号，都应该让它成为太阳底下最光辉的职业。同船过渡，尚需修行500年。这个我们赖以生存，又拥有巨大价值的职业，与我们，或许是一种千古之约！让我们豪情满怀地告天下人：教书育人，舍我其谁！

朋友们，清贫的日子，不要让你的事业清贫！

教育，从热爱开始

浙江衢州市实验学校　毛芳芳

亲爱的朋友们：

大家好！

诗人艾青曾经留下这样的诗句："为什么我的眼里常含泪水？因为我对这土地爱得深沉。"如果说教育也是一方热土，那么"热爱"就是我对学生、对教师这个职业、对教育事业的最好表白。

因此，今天我演讲的题目就是——教育，从热爱开始。

为人师已经有整整7年，在教书育人这块土地上，我不停地播撒着爱的种子，收获着爱的感动，也坚定着爱的信念。许多爱的故事伴随我和学生共同成长。说到这儿，我脑海中浮现出一个小男孩的模样。记得那是冬天的一个课间，孩子们叫嚷着向我跑来："老师，胡源城把大便拉到裤子上了！臭死啦！""咦，真倒霉！""真丢人！"走廊上顿时像炸开了锅。面对这突如其来的意外，我赶紧说："哦，胡源城遇到了困难，我去帮帮他。"此时这个叫胡源城的男孩正躲在一堵墙的后面，叉着两腿，拎着裤管，无声地哭泣着，仿佛被全世界抛弃了一样。我的心被刺痛了。尽管闻到那冲鼻的恶臭，我也想马上逃离；尽管看到那不堪入目的污物，我也想转身就走；尽管我也还是个要妈妈照顾的孩子，但是此刻我知道，孩子需要我！"没关系，让老师来帮你。"我拿来毛巾为他擦洗身子，用干净的毛毯将他裹住，然后开始清洗他的衣物。周围的孩子们渐渐地安静下来，他们从一开始的窃窃私语到无声地为胡源城同学围起一道挡风的人墙。半个小时后，孩子的父母送来了干净的裤子，看着孩子安静地坐在老师和同学

中间，他们紧皱的眉头舒展了，不停地拉着我说谢谢。这一声声感谢深深打动了初为人师的我——原来，教师的爱，可以这么简单、直接，这种爱的传递又是那么的快速、神奇！

我被感动了，被孩子们感动，也被自己感动。是的，我愿意用爱去倾听孩子的心声，感受芝麻拔节、花朵绽放的美丽；我愿意用爱去关注孩子的变化，体会尊重孩子、赏识孩子的快乐；我愿意用爱去引导孩子的行为，收获知识的希望、品格的力量。这一切都是因为我热爱我的学生。

你听说过浙江绍兴那个叫祝香云的老师吗？她热爱学生胜过爱自己的生命。在大货车疾驰而来冲向学生的瞬间，她张开双臂推开孩子，用生命铸就了辉煌的绝唱。

你认识那个为学生摆渡的小学校长齐玉民吧？他29年如一日，撑着一艘小船，无论刮风下雨，都坚持在大水库上为学生摆渡——他为学生在上学的路途上摆渡，也为学生在求知的征程中摆渡。

还有那考取了硕士研究生，却远赴贵州支教的徐本禹，为了孩子的未来，为了农村的教育，为了许多单纯的感动，他在孤独中坚守着一个承诺，一个关于热爱的承诺。

如果没有强烈的责任感，没有对学生的热爱，他们是不可能做出这样的举动的！在我们周围，有太多太多这样的优秀教师，他们用自己的青春、心血甚至生命诠释着热爱的真谛。

热爱是根，深深地扎在教育的土壤中，只有根深，才能叶茂。

热爱是帆，坚实的风帆，鼓起浩荡长风，催动着教育事业之舟。

教育，从热爱开始。爱，能成就孩子童年的梦想，让他们在知识的海洋中感受永恒的快乐；爱，能成就孩子正确的荣辱观，让他们明是非，知荣辱，辨美丑；爱，能成就教育的理想，成就孩子的未来，成就祖国的明天！

因为我是老师

呼和浩特市北垣小学　张一楠

　　我教过一个女孩儿，平时表现不错。突然，在一次考试后，把同桌98分的卷子偷过来，改成自己的名字给家长看。我没有急于批评她，而是静静地观察，我感到她的心里似乎装着沉甸甸的心事儿，第二次考试，她又改了卷子，找她谈，她就是不说话，我想了想，递给她一张信纸：如果有什么话不好说，就写在这张纸上。

　　过了两天，我看到了一封信：老师，我爸爸妈妈吵架要离婚，还说我学习不好，谁带着都是累赘，我真怕他们不要我，所以偷了别人的卷子，我错了！看完信，我去了她家，和她父母交流一番，显然他们很震惊，最后，他们决定为了孩子把离婚的事儿往后放一放。那天，孩子从家里追出来，十二月的北方，冷风刺骨，那时，我刚做完卵巢手术才一个多月，站在冰天雪地里，我俩聊了很久，既有批评，又有鼓励，更多的是希望，孩子满眼泪水哽咽着说了声谢谢，我鼻子一酸，把她紧紧地搂在怀里。后来这个女孩各方面表现都很出色，也很努力。所以我相信：没有教育不好的孩子，只有不称职的家长；没有教育不好的学生，只有不称职的老师。

　　什么叫称职？去年11月2号我就要做手术了，可11月1号术前准备那天，我还偷偷地跑回了学校给上了一节课，我心里就是放不下他们。什么叫称职？每次汗流浃背，嗓子嘶哑地上完课时，每天拖着疲惫的身体回到家，继续判作业时，我就会想，我一个月可以挣多少钱？而这些钱，只能给我的孩子买一个月奶粉。可当我看到这六七十双眼睛，一切都恢复正常，我仍然精神饱满，富有激情地上课，嗓子嘶哑，满头大汗地下课，做

完手术一个月，就回到了课堂。因为我是老师，是孩子们学习的榜样，我的一言一行直接影响着他们，身为老师，我就要以我的言行感染他们。我不能因为我的怠惰，我的懒散，我的不负责任，给我的六七十名学生带来潜移默化的影响，而这六七十名学生会把这种影响带到他们将来组成的六七十个的家庭中，他们对家庭也会怠惰，不负责任，而家庭是社会的重要组成细胞。这就是称职，这两个字中浸透着我们老师教育的智慧和不为人知的艰辛。汶川大地震后，我想过，如果我在灾区，第一个砸死的不是我，我会像那些老师一样用生命保护我的学生，因为我是老师，这是我的责任。

我想对在场的老师们，对所有的老师们说一句话，来吧，朋友们，让我们挑起这重担蹒跚前行，让我们背负着民族的希望，艰苦支撑；我也想对我的同学们，对全国千万的孩子们说一句话，来吧，同学们，牵着我们的手，不许停顿，踏着我们的肩，奋力攀登。